1
La magia de los sueños

Trompeta FINAL **3**

LA MAGIA DE LOS SUEÑOS

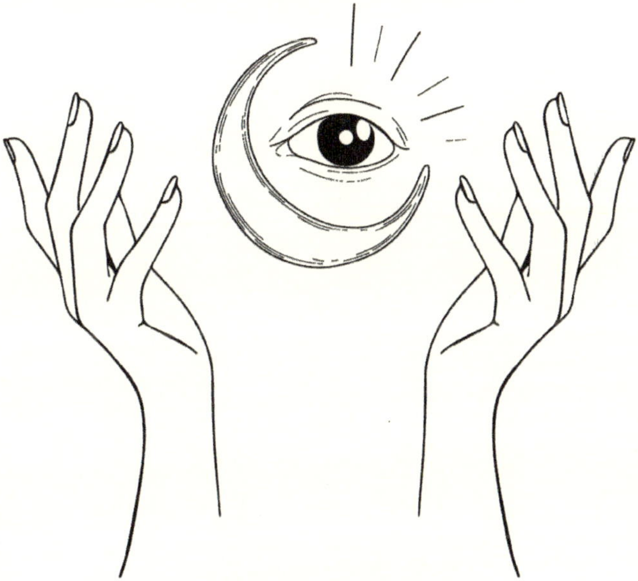

RICARDO HERRANZ
BARQUINERO

Producción, maquetación y edición electrónica:
AACHE Ediciones
C/ Malvarrosa, 2 (Las Lomas) – Telef. 949 220 438
19005 – Guadalajara
E–Mail: editorial@aache.com
Internet: www.aache.com

Impresión:
PodiPrint
C/ Cueva de Viera, 2
29200 – Antequera (Málaga)

Impreso en España – Printed in Spain.

ISBN 978–84–19813–55–8
Depósito Legal: GU–22/2025

A mi familia y amigos,

¡Gracias!

ÍNDICE

PRÓLOGO

Dormir es muy necesario tras una larga jornada de trabajo físico o mental. Nuestro sueño resulta reparador pues hace "borrón y cuenta nueva", resetea la información acumulada, y empieza de cero al día siguiente. Dejando sólo lo útil en nuestra memoria para "hacer hueco" a nuevos datos, como si nuestro cerebro fuese un ordenador. Puesto que, por suerte sigue trabajando mientras que nosotros descansamos. Es más, nuestros sueños también son útiles mientras dormimos, pues si somos capaces de controlarlos, esto es, si somos conscientes de estar soñando… una pesadilla no nos afectará tanto.

Por cierto, muchos soñadores creativos, cuando no dan con la solución a un problema, dan una cabezada, y… "¡Eureka!", de repente les llega la solución, al encenderse la famosa bombilla.

Además, son muy útiles cuando nos enfrentamos al nuevo día con una situación complicada… así por la noche visualizamos el momento difícil y lo convertimos en fácil. Por otra parte, podemos practicar mentalmente un ejercicio musical o deportivo, y al día siguiente nos saldrá mejor. O incluso, como aquella persona que se rompió un pie… podemos ir en sueños al momento anterior a la fractura, y durante varias noches visualizar nuestro pie en perfecto estado, y ver cómo "por arte de magia"… mejora.

LA INTERPRETACIÓN DE LOS SUEÑOS

El llamado padre de la psicología moderna, Sigmund Freud, decía sobre los sueños en su obra La interpretación de los sueños, que los sueños son el primer eslabón de una serie de formaciones psíquicas (...) y nos pueden ayudar a explicar la génesis de las fobias, neurosis e ideas obsesivas (...) Cada sueño se revela como una formación plena de sentido a la que cabe asignar un lugar preciso en la actividad consciente.

Con estas palabras, Freud venía a decir lo que ya muchos sabemos, que es difícil interpretar cualquier sueño sin tener en cuenta todo lo que hay tras la mente de una persona. Y es que nos hablan de situaciones muy específicas que ocurren en nuestra vida o nuestro entorno.

Sin embargo, durante los muchos años que llevamos estudiando el mundo de los sueños, hemos conseguido identificar ciertos elementos que se repiten en el subconsciente colectivo y que parecen responder a significados comunes. Y, esto se debe, probablemente, a que compartimos una simbología general que puede ayudarnos a orientarnos por el mundo de los sueños.

Cuando hablamos de sueños todos nos sentimos identificados. Soñamos todas las noches, varias veces, aunque no nos acordemos de ello al despertar. Las experiencias contemporáneas sobre el sueño nos están revelando muchas de sus incógnitas, pero siempre queda algo más allá, fuera de todo conocimiento conocido, que nos hace pensar en el abismo inconsciente que rige en ese mundo onírico que se abre para nosotros cada noche al dormir.

El campo de los sueños puede ser muy amplio, incluso más que la realidad y el mundo consciente. El estudio sobre estos se remonta a la antigua Grecia, aunque no eran demasiados los avances tecnológicos para conocer la cara oculta de nuestro conocimiento.

Todos poseemos subconsciente, y éste se manifiesta cuando dejamos la consciencia descansar y damos paso al trabajo autónomo del cerebro. En este mundo paralelo nos encontramos con una serie de factores que permanecen internos en nosotros y aparecen en forma de símbolos, es decir, un lenguaje innato y profundamente desconocido e individual.

Interpretar el subconsciente es muy difícil pero, sin embargo, para algunos, el problema fue muy sencillo como por ejemplo Sigmund Freud, ((1856-1939): médico neurólogo austriaco, padre del psicoanálisis y una de las mayores figuras intelectuales del siglo XX), Alfred Adler ((1870-1937): médico y psicoterapeuta austriaco, fundador de la llamada psicología individual y precursor de la moderna psicoterapia), o C.G. Jung ((1875-1961): médico psiquiatra, psicólogo y ensayista suizo. Fue clave en la etapa inicial del psicoanálisis. Fundador de la escuela de psicología analítica), pues buscaban sólo aquellos aspectos o símbolos, aquellos hallazgos que tienen relación con el problema concreto de su técnica psicoanalítica.

La interpretación de los sueños se complica por muchos factores. Personalmente creo que se pueden interpretar de acuerdo con diversas técnicas: por una parte de un modo científico, y por otra parte en el ámbito artístico, como ya abordaron en ciertas etapas los Surrealistas aunque basaran sus obras principalmente en los estudios de Freud.

Así, la primera hipótesis consiste en que hemos de estudiar los sueños de una forma específica, adaptándolos a cada individuo en concreto, por medio de un "experimento" en el que saquemos conclusiones más o menos personalizadas, o al menos adaptadas a la propia situación de cada uno.

Pretender una interpretación estándar de los sueños puede estar sujeto a grandes errores aunque siempre se pueda convertir en una guía para desentrañar el posible sentido del sueño en cuestión.

Y la segunda hipótesis a la que he llegado se basa principalmente en la interpretación científica de los sueños, donde una frase destacada por Mauricio Xandró, defendida por Ann Faraday (Psicóloga, pionera de la evaluación empírica de los contenidos de los sueños), describe perfectamente la base de este proyecto, y es la siguiente:

"Los sueños se expresan en un lenguaje especial, y este es diferente en cada persona. Quien sueña posee su repertorio particular de símbolos provenientes de su experiencia vital".

Los símbolos no significan lo mismo para todos los mortales. No siempre un anciano es una figura paterna, no siempre una cosa alargada es un símbolo fálico, y así continuamente.

Al intentar interpretar un sueño, no hemos contado con el protagonista de esta historia onírica que es el propio soñante. Nos costaría mucho penetrar en el sentido simbólico de los sueños si olvidásemos al protagonista.

Pero, realmente, ¿Qué es el sueño? ¿Qué significa lo que soñamos? ¿Cómo puedo interpretar estos símbolos? ¿Por qué es importante conocer a la persona?

En este estudio trato de explicar todo lo relativo con dormir y soñar, para que conozcamos las dificultades que entrañan la interpretación de los sueños y finalmente para que se cambien un poco los puntos de vista ortodoxos y se cuente con el soñante.

Los sueños son mensajes, más o menos, cifrados de nuestro propio inconsciente, relativos a cosas que nos importan y que no conocemos. Casi siempre los sueños son un elemento auxiliar para descubrir el verdadero interior de la persona (el YO). En el futuro y en el presente, pueden ser una valiosa ayuda para comprendernos y entender los avisos de nuestro inconsciente. Así pues, vamos a conocer al soñante mediante un test analítico y posteriormente poder representar una simbología individual de su subconsciente.

Juntando el mundo onírico, la incógnita del cerebro humano, y parte de la ciencia, ya podríamos sumergirnos en el mundo del subconsciente, donde nos encontraremos con una serie de enigmas interesantes, e incluso terapéutico, basado en la materialización de los sueños, y posteriormente en su posible interpretación.

Podemos enfocar el mundo de los sueños hacia una terapia dividida, donde podemos encontrar nuevos conceptos de inspiración, y para el soñante un nuevo enfoque de su simbología e incluso un proceso de investigación hacia el conocimiento del Yo interior.

Como diría Platón, "al hombre se conoce por sus sueños". Partiendo de esta afirmación, podemos dividir los sueños en tres partes: Sueños de origen fisiológico, sueños de origen inconsciente, y sueños de origen trascendental.

Sueños de origen fisiológico

En esta primera división podemos incluir dos grupos diferentes, aunque sea muy semejante el mecanismo de ambos.

a. Desencadenantes exteriores. Los libros sobre sueños, que relatan multitud de ellos, tienen un apartado destinado a los sueños que se producen por un estímulo ajeno al durmiente y que pone en peligro el descanso:
- Las sábanas que se desvían y le cubren, casi ahogándole, pueden producir sueños de asfixia.

- Un ruido súbito de cualquier tipo puede originar en el durmiente toda una historia, según el sonido que sea. Una música, el sonido de un reloj, un golpe fuerte, incluso un grito.

Estos desencadenantes exteriores producen sueños para evitar que el durmiente despierte. Buscan una especie de justificación defensora del sueño.

b.   Desencadenantes interiores físicos. En este grupo incluimos todos los sueños que nos avisan del mal funcionamiento de nuestros órganos. Durante la jornada, con la tensión y el esfuerzo, se apagan los ligeros amagos de aviso que producen las enfermedades incipientes. Pero debemos considerar que todas las enfermedades avisan de una forma u otra. Con ligeras molestias, con pequeños dolores, con diversas señales.

Estas, durante el día, preocupados con la actividad y las responsabilidades, pasan totalmente inadvertidas en gran medida. Sólo por la noche, cuando aflojamos la tensión diurna, se manifiestan de una forma más evidente y clara.

Por eso, soñar con que nos duele algo de nuestro cuerpo o que sentimos una determinada molestia física, puede ser o un problema postural o un problema de mal funcionamiento físico.

Es preciso prestar atención a los sueños de enfermedades, de dolores en determinada zona del cuerpo, que pueden ser un aviso incipiente de enfermedad. También la literatura onírica está materialmente plagada de este tipo de sueños.

Las investigaciones más sólidas están demostrando que los sueños avisan hasta con un año de antelación de la enfermedad que va a padecerse.

Sueños de origen inconsciente

Todos los sueños son de origen inconsciente. El mundo del sueño es la manifestación más clara del plano inconsciente del hombre.

Pero para tratar de clasificar los sueños hemos hecho esta distinción que en la realidad acaso no soporte una crítica absoluta y objetiva, pero que sirve, sin embargo, para los fines perseguidos.

Es importante saber que los sueños tienen una misión de "diálogo" entre el consciente y el inconsciente del soñador o durmiente.

Lo que soñamos ahora tiene relación directa con nuestra vida actual. Lo que soñamos no es algo raro y extraño, sin sentido para nosotros. Aunque pueda parecérnoslo, en los sueños no hay inconexiones ni sinrazones.

También es importante considerar que el mensaje de los sueños es, siempre desconocido para nosotros y una verdadera revelación que nos avisa, nos recuerda cosas, y nos hace caer en la cuenta de otras cuestiones importantes.

Dentro de este grupo vamos a hacer una triple división de acuerdo con su contenido y el interés que este puede representar para nosotros:

a. Sentido evidente del sueño: avisos sobre personas o cosas conocidas, que en la vigilia nos han pasado inadvertidas y a las que no hemos prestado atención. Pero el inconsciente sabe que debemos enterarnos y en consecuencia utiliza este diálogo abierto de la noche para advertirnos de peligros, distracciones, de olvidos, que pueden ser negativos y hasta funestos en el desarrollo de nuestra vida.

En este grupo hemos situado, según esta división, los sueños cuya interpretación y sentido es fácil, ya que aparecen en nuestros sueños cosas o personas conocidas; y el aviso no es preciso que sea interpretado, pues sirve su sentido literal.

b. Sentido simbólico en el lenguaje del sueño. A veces el tema que tiene que tratar con nosotros el inconsciente es espinoso y sabe que tiene que decirnos sin rodeos algunas cosas. Puede servirnos de revulsivo y no lo aceptaremos, incluso el sobresalto puede despertarnos y en consecuencia no podrá darnos el mensaje que le interesa que conozcamos. Entonces utiliza un lenguaje simbólico. Busca recursos para que nosotros sigamos la "historia" y nos habla en símbolos que después hemos de traducir.

c. Respuestas del inconsciente a problemas actuales. En muchas ocasiones estamos infructuosamente buscando una solución a problemas profesionales, humanos, de relación, íntimos, y, de repente en sueños, encontramos la solución con toda claridad. El inconsciente, a través del sueño, nos ha dado la solución, como un verdadero ordenador al que hemos suministrado datos y en una pantalla nos da la solución ansiada.

Sueños de origen trascendental o profético

a. Sueños producidos con intervención telepática. Cuando el sueño pueda ser transmitido, al margen del tiempo y la distancia, por una persona que lo sabe, aparece en el sueño una "paranormalidad", una dimensión algo fuera de lo corriente, pero no un sueño realmente transcendente.

b. Sueños proféticos o trascendentes, sin explicación de elementos o intervenciones conocidas. Se trata de sueños concretos, pormenorizados, de hechos futuros, en los que la persona que sueña no tiene elementos ni conexiones posibles que puedan intervenir en la formación natural del sueño.

Se diría, al interpretar uno de estos sueños, que el tiempo no existe para ese durmiente. Sabe lo que va a suceder con dos días de antelación y con algunos detalles identificativos.

Sucesos fortuitos, que pueden suceder o no. Soñar con un determinado número de la lotería, que toca y hace rico al soñante. Soñar con un accidente determinado a determinada persona y en determinadas circunstancias, que se cumple milimétricamente.

Estos sueños que no pueden predecirse por lógica, por fuerte que sea ese desdoblamiento de nosotros que llamamos inconsciente, son los sueños que agrupamos en este segundo grupo y llamaríamos sueños proféticos, por no estar relacionados con elementos conocidos y ser realmente propios de algo superior por encima del tiempo.

La Memoria Artística. La interpretación y representación de los sueños.

A través de **Freud**, podemos encontrar referentes teóricos sobre el subconsciente: la psique y el arte.

Sigmund Freud fue el padre del psicoanálisis. Según Freud los sueños sirven para comunicar todo aquello que la mente consciente no puede aceptar. Deseos inconscientes que no se quieren reconocer y que por este motivo aparecen en los sueños representados de forma simbólica. Es decir, los sueños son la vía de expresión de deseos reprimidos que tiene la persona.

Para Freud la infancia es un periodo clave de nuestra vida psíquica, hasta tal punto que, cuando somos adultos, la mayoría de nuestros sueños se relacionan con los deseos, traumas y recuerdos de la infancia. Los sueños son un recordatorio constante de aquello que la consciencia ha reprimido y que nos negamos a aceptar y pensar. En definitiva, el sueño es una herramienta psíquica para conseguir franquear la barrera que hay entre el inconsciente, la memoria profunda, y el consciente.

Freud identifica tres tipos de sueños:

1. El sueño que representa, sin inhibiciones, un deseo no reprimido, que la consciencia acepta pero que en la vida cotidiana está pobremente satisfecho. Por su claridad son los sueños más fáciles de entender.

2. El sueño que representa de una forma encubierta o simbólica un deseo reprimido. Son sueños que requieren ser interpretados.

3. El sueño que representa un deseo reprimido, pero que se muestra poco o nada encubierto.

También es verdad que en la teoría psicoanalítica de Freud la sexualidad es un tema central. En los sueños, por ejemplo, la sexualidad domina las interpretaciones. Si en un sueño aparece un objeto hueco, como una caja, un cofre, un cajón, un jarrón, una caverna, etc., se está haciendo referencia a lo femenino. Los objetos alargados, como los bastones, paraguas, cuchillos, etc., suelen ser objetos fálicos que hacen referencia a lo masculino. Sin embargo, pronto el mismo Freud advirtió contra el uso sistemático y reduccionista de estas interpretaciones sexuales, ya que consideraba que no siempre eran la interpretación correcta del contenido del sueño.

El método de investigación de los sueños:

El método que utiliza Freud se basa en las asociaciones de ideas. En esta investigación de los sueños, Freud distingue entre el contenido manifiesto del sueño (aquel que aparece tal cual en el sueño), del contenido latente del sueño (aquel escondido bajo el simbolismo). Freud delimita como objetivos de la investigación el averiguar: Primero, cuál es el proceso psíquico que ha transformado el contenido latente en el manifiesto, que es el que por mi recuerdo conozco. Segundo, qué motivo o motivos son los que han hecho necesaria esta traducción. El proceso de la conversión del contenido latente en manifiesto lo denominaremos "elaboración del sueño", siendo el "análisis" la labor contraria que ya conocemos y que lleva a cabo la trasformación opuesta". Sigmund Freud estima que es con el estudio del contenido latente cuando el psicoanalista puede descubrir los estímulos que provocan el sueño, la procedencia del material anímico, el eventual sentido de lo soñado y las razones de su olvido.

Por otra parte, la figura de **Carl Gustav Jung** sería la contraria a Freud, siendo uno de los pioneros de la psicología profunda. Jung conoció a Sigmund Freud en 1907 en Viena. Jung ya conocía sus trabajos sobre el psicoanálisis y los valoraba mucho. Al igual que Freud, Jung también estaba interesado en elaborar un método de análisis e interpretación de los sueños, con finalidad terapéutica.

Para Jung hay dos tipos de inconsciente: el personal y el colectivo. Ambos influyen en los sueños.

Jung hace una distinción entre:

a) El inconsciente personal. Constituye la memoria individual y profunda de la persona. Contiene las vivencias y experiencias individuales, los pensamientos (incluso los olvidados), las sensaciones, los deseos y las proyecciones a acciones futuras.

b) El inconsciente colectivo. Se construye a partir de los símbolos y conceptos universales, comunes a todos los seres humanos. Son los instintos, los mitos, la cultura, las religiones, o la historia. Jung llamó "arquetipos" a este conjunto de imágenes y representaciones universales.

Según Jung, en los sueños aparecen a menudo cinco arquetipos:

1.- La persona. Es la apariencia del individuo, lo que se muestra a los demás. Los individuos adaptan su conducta, actitudes y personalidad según el grupo social al que pertenecen. La persona es lo que uno mismo y los demás piensan que es.

2.- La sombra. Agrupa a todo lo que un individuo no quiere que se conozca, lo que se resiste a tomar consciencia. Son los defectos, los malos recuerdos, las angustias o las experiencias dolorosas. Esta parte negativa de la personalidad aparece en los sueños como imágenes de sujetos transgresores. La sombra es lo que se prefiere no ver.

3.- El alma. Este arquetipo tiene dos formas distintas: el "animus" y el "anima". Son dos polaridades. La energía masculina (animus) nos empuja a ser racionales. La energía femenina (anima) incita al uso de la intuición y la imaginación, es el polo más afectivo. En los sueños se representan respectivamente como figuras masculinas y figuras femeninas.

4.- El espíritu. Este arquetipo aparece ante una situación crítica y decisiva en la vida. En los sueños aparece en forma de figuras ancestrales de autoridad: magos, sacerdotes, monjes o patriarcas.

5.- El sí-mismo. Es el arquetipo central, la totalidad del Hombre. Es una entidad sobre-ordenada al Yo. Abarca el consciente y el inconsciente. En los sueños está representado por el embarazo, por un niño o un bebé.

Para Jung, a diferencia de Freud, las imágenes del sueño no esconden un deseo insatisfecho, sino que revelan significados profundos. No están generadas necesariamente por un conflicto interno. Jung tiene un planteamiento más constructivo que Freud, en cuanto a la creencia de que el sueño tiene una función compensadora y educativa.

El método de investigación de los sueños de C.G. Jung:

Carl Jung consideraba que el método de asociaciones libres era insuficiente para interpretar los sueños. Para Jung era necesario analizar detalladamente el contexto, las relaciones asociativas que se agrupan alrededor del sueño. En el método de Jung se procede mediante preguntas "concéntricas" que buscan la "amplificación" de los significados del sueño. De esta manera se evita el reduccionismo a que lleva el método freudiano de asociaciones libres.

Otra figura para tener en cuenta es la de **Alfred Adler**.

Aunque Adler reconoce el mérito de Freud para sentar las bases de la "interpretación científica de los sueños" no acepta su punto de vista por completo. Adler conserva, de la teoría freudiana, la distinción entre contenido manifiesto (el sueño tal como se presenta) y el contenido latente y el método asociativo, pero rechaza la idea de que los sueños sean una realización de deseos sexuales infantiles y la de una universalidad de los símbolos que surgen en los sueños que algunos autores psicoanalíticos insinuaban.

Según Adler, los sueños son una expresión del Estilo de Vida de la persona. El llamado consciente e inconsciente no se contradice, sino que forman una única unidad, y los métodos que se aplican para la interpretación de la vida "consciente", también se pueden utilizar para la interpretación de la vida "inconsciente" o "subconsciente" de la vida de nuestros sueños. Sólo cuando se consideran los sueños una expresión del Estilo de Vida, se puede encontrar una interpretación adecuada para ellos.

De la misma manera, para Adler es válido que un paciente invente un sueño si no recuerda ninguno de verdad, ya que Adler, fiel a su teoría, mantiene que la imaginación del ser humano sólo puede producir lo que le dicta el Estilo de Vida. Los sueños "inventados" por la persona son tan válidos como los auténticos, ya que todo es una expresión y proyección del particular Estilo de Vida de la persona.

Según la psicología Adleriana, la máxima de cualquier mecanismo psicológico es la de evitar que baje la autoestima del Yo. De la misma manera, la función de los sueños es la de apoyar el Estilo de Vida. Cualquier problema psicológico es debido a un Estilo de Vida disfuncional en el sentido de que el individuo intenta afrontar sus problemas basándose en una "lógica privada" autoprotectora y no el "sentido común".

Por falta de coraje o autoestima (sentimiento de inferioridad) el individuo adopta creencias erróneas que le hacen interpretar el mundo, no sólo de forma equivocada, sino de forma que el sentimiento de inferioridad quede compensado por un afán de superioridad.

Adler se fiaba de la técnica Freudiana de la libre asociación y su propia intuición, cuidadosamente contrastada con las ideas del paciente. Pero autores posteriores han intentado aumentar las posibilidades técnicas, sin llegar a un acuerdo o procedimiento concreto. Tenemos los ejemplos de Shulman (1973) quien se limita a dividir el sueño en cuatro elementos: la historia, los personajes, la ambientación y el estado de ánimo. Slavik (1994) recomienda al terapeuta la observación en detalle de la manera en que el paciente relata su sueño: tímida, agresiva, o reticente, y sugiere preguntarle qué tenía en mente antes de dormirse. Y sobre todo hay que elaborar los sentimientos que produce el sueño y con qué emoción se despierta el paciente. En un proceso de diálogo se elabora el significado del sueño, ofreciéndole al paciente una interpretación y modificándola poco a poco de acuerdo con él.

El adleriano Titze (1983) critica el asociacionismo freudiano y la técnica de la asociación todavía utilizada por Adler, cambiándola por lo que él llama "tematización". Esta técnica se basa en la idea de que los objetos del sueño que no tienen que ver con los problemas del soñador tienden a remitir temáticamente, mientras que sí que son relevantes determinados objetos que forman parte del sueño para la problemática actual del soñador.

Otra figura a tener en cuenta es la de Ann Faraday, psicóloga interesada por el mundo onírico, que durante años ha estudiado a los durmientes y el movimiento de los ojos, ha oído miles de sueños y finalmente se ha sometido a la interpretación freudiana, rígida, y para su caso particular, absolutamente ineficaz.

En los sueños se suele expresar lo que nos ha preocupado unos días antes, como hechos, pensamientos o sentimientos. Los sueños se hacen entender a través de un lenguaje simbólico y para esta autora, es algo diferente en cada persona. El soñador posee un repertorio particular de símbolos, que proceden de su experiencia vital, de su inconsciente personal.

Ann Faraday llegó a la conclusión de que la mejor forma de interpretar los sueños, después del fracaso de la aplicación de las teorías freudianas, es contar con la opinión del interesado que conoce el sentido de lo soñado al menos "de forma inconsciente".

Faraday llegó a las siguientes normas:

1.- Si la persona soñada existe en la realidad se la debe considerar literalmente. Cuando no es posible, entonces se trata de buscar lo que simboliza, la parte de nuestra propia personalidad que representa, o la utilización que nuestro inconsciente quiere hacer de esa figura para llamar nuestra atención.

2.- Los sueños surgen siempre a impulsos de algo que ocupa nuestra mente o nuestros sentimientos en ese instante. No suelen ser los sueños algo sin sentido. Están avisándonos, con su lenguaje en clave, de situaciones semejantes a las vividas anteriormente. Están los sueños hablándonos, dialogando con nosotros, dándonos consejos, haciéndonos advertencias, sobre los actuales conflictos y problemas.

3.- La modalidad de un sueño revela a veces su sentido. Por ejemplo, si veo a un pescador con su caña y sin pescar nada, aburrido y abatido, según quien sea el soñador, está reflejando el estado de ánimo de un vendedor que no vende. Acaso le avisa de que "no está haciendo nada" en pos de sus intereses. O sencillamente le está riñendo, al mostrarle una imagen pasiva de su propio trabajo.

4.- Los sueños no surgen para decirnos lo que ya sabemos sobre los que nos rodean o sobre nosotros mismos. Sino que sirven para aclarar nuestras ideas o para incitarnos a resolver un antiguo problema. Por tanto, un sueño simbólico, se interpreta correctamente cuando al sujeto le resulta lógico en relación con su vida y le incita a transformarla en un sentido constructivo. Para esta autora, si el sueño le deja a una persona entre dudas e incertidumbre, la interpretación no ha sido correcta, o dicho de otra forma, no hemos sido capaces de entender a nuestro inconsciente.

Aconseja que cuando se tenga un sueño y lo estudie, dé al mismo tiempo su opinión de él, y los actos y soluciones que piensa dar a sus problemas en la vida práctica, sobre la que el sueño ha hecho mención.

No debemos olvidar que, a veces, se interfieren en nuestra mente y en nuestro inconsciente contenidos paranoides, angustia, deformaciones de la realidad, por una mala aportación de datos al inconsciente. Los sueños que surjan de esas impresiones han de falsear la realidad. Tal vez deberíamos diferenciar los sueños en "sanos y enfermos mentales", en la seguridad de que los contenidos anormales deforman los sueños. Las imágenes simbólicas con las que el inconsciente quiere hablarnos en sueños deben ser descubiertas con lógica usando toda clase de asociaciones.

EL SUEÑO LÚCIDO

Pero, sin duda alguna, el sueño más interesante es el sueño lúcido, pues es aquel en el que la persona sabe que está soñando y puede ejercer cierto control sobre el sueño, incluso observarlo pasivamente mientras es consciente de que se trata de un sueño. En otras palabras, un sueño lúcido es un sueño en el que la persona alcanza un estado de consciencia y tiene la posibilidad de ejercer un cierto control de sus actos o de la realidad que le rodea.

En resumidas cuentas, el soñante es consciente de estar soñando. Los niveles de lucidez cubren un rango muy amplio de experiencias, desde tener una pesadilla y al darnos cuenta despertarnos, hasta reconocer el sueño como tal, permanecer conscientes dentro de él y cambiar su contenido con el poder de la intención, pues todo depende de la imaginación del que sueña.

Podríamos decir que un sueño lúcido es un sueño en el que la persona alcanza un estado de consciencia y tiene la posibilidad de ejercer un cierto control de sus actos o de la realidad que le rodea. Es decir, en un sueño lúcido el soñador es consciente de que está soñando.

Durante un sueño lúcido la persona es capaz de despertarse dentro de un sueño con una percepción única que le permite comportarse de forma parecida a alguien que está despierto, ejercitando su voluntad y empleando su imaginación, recuerdos o conocimientos de la vida diurna. Las personas que desarrollan esta capacidad se conocen como onironautas o navegantes de sueños (del griego oneira: sueño y nautis: navegante).

Los antiguos egipcios creían que el alma podía viajar fuera del cuerpo mientras éste dormía y hay indicios de que ya experimentaban alguna forma de sueño lúcido. Las tribus indígenas asumían que en el sueño se accedía a un reino espiritual que no obedecía las leyes del tiempo y el espacio. Los tibetanos fueron pioneros del sueño lúcido y lo entendían como una parte esencial del proceso de alcanzar la comprensión consciente. Éstas y otras tantas culturas como la China, la Griega, la Hindú o la Hebrea entendían los sueños como una extensión del mundo de la vigilia.

Podríamos preguntarnos, *¿para qué sirven los sueños lúcidos?*

Los sueños lúcidos tienen usos tanto recreativos como relacionados con el crecimiento personal y el trabajo terapéutico en ciertos tipos de problemas. Algunos de los usos más destacados de esta forma especial de sueños son los siguientes:

· Puro disfrute. Vivir aventuras y completar tus fantasías depende de los límites de tu imaginación. Puedes hacer lo que quieras, ir donde quieras, o encontrar a las personas que desees ver.

· Desarrollar la creatividad y resolver problemas. Todos nos hemos despertado alguna vez diciendo "qué imaginación tengo" después de un sueño extraño. ¿Y si pudieses controlarlo? Podrías aprovechar estar consciente durante ese estado especial que son los sueños para buscar inspiración o encontrar soluciones nuevas y creativas a problemas.

· Enfrentarse a los miedos, fobias y/o pesadillas. Una opción de terapia para resolver estas dificultades es trabajar con estos temas durante un sueño lúcido. La experiencia y algunos estudios constatan que si la persona fuese capaz de enfrentarse con éxito durante su sueño a lo que teme, esto tendría un efecto en el miedo real que experimenta en estado de vigilia, observándose una mejoría paralela. En el caso de las pesadillas se instruye al soñador para que cambie el argumento así como los elementos presentes en el sueño de forma que tenga un final victorioso para él.

· Conocerte a ti mismo, encontrarte con tu "yo" más profundo. Es evidente que los sueños lúcidos constituyen un escenario único en el que podemos conectar con nuevos ámbitos de nuestro ser situados fuera del estado normal de consciencia.

No obstante, el empleo real de sueños lúcidos es casi anecdótico y limitado a los grupos o centros con interés en este asunto. Se trata de un tema que goza de muy poca difusión y muchos investigadores siguen mostrando recelo sobre el mismo a pesar de existir investigaciones rigurosas sobre el soñar lúcido. Posiblemente, la propia actitud de la cultura occidental de infravaloración de los sueños tenga que ver con ello.

¿Cómo puedo tener sueños lúcidos?

Algunas personas han tenido experiencias espontáneas de soñar lúcido y pueden tener una habilidad especial para conseguirlo, pero en la mayoría de los casos se trata de un entrenamiento que requiere tiempo y esfuerzo. En principio, cualquiera puede hacerlo, pero hay que tener en cuenta que existen diferencias individuales en cuanto a la facilidad para lograrlo. Por ejemplo, una persona que no recuerda nunca sus sueños tendrá más dificultad para tener sueños lúcidos que otra que lleva tiempo interesada en los sueños y los anota en un diario.

A continuación presentamos los tres elementos más importantes para conseguir tener sueños lúcidos:

1. Aprender a recordar los sueños. Todos soñamos cada noche, lo que ocurre es que sólo recordamos los sueños si nos despertamos desde la fase REM o muy cerca de ella, y nos tomamos un momento para recordar. El primer paso consiste en aumentar el

recuerdo de sueños. Podemos tomarnos unos minutos antes de levantarnos para intentar recordar lo máximo posible y registrarlo, por ejemplo, anotándolos en un diario que tengamos cerca de la cama, o bien grabando en el móvil el relato de lo que recordemos.

Al analizar y recordar los sueños podemos ir familiarizándonos con las claves que usamos de forma inconsciente para darnos cuenta de que estamos soñando (por ejemplo, volar, ver a un familiar muerto, o la incapacidad de caminar).

La memoria no funciona como un interruptor, debemos tener paciencia y sobre todo ser constantes, con el tiempo veremos que somos capaces de recordar al menos un sueño cada noche y entonces estaremos más cerca de la lucidez onírica.

2. Hacer controles de realidad. El segundo paso es preguntarnos con frecuencia durante el día "¿estoy soñando?", y realizar verificaciones de la realidad para determinar si uno está o no en un sueño (por ejemplo, mirar la hora varias veces a ver si cambia, o taparse la nariz y comprobar si seguimos respirando). Esto llevará con la práctica a hacernos la misma pregunta en el sueño. Los sueños lúcidos se suelen activar con alguna incoherencia imposible en la vida real que de pronto hace que el soñador se detenga, cuestione la realidad y tome conciencia de que está soñando.

Realiza estas verificaciones entre cinco y diez veces al día, a intervalos regulares. Para ello puedes programar alarmas o recurrir a situaciones habituales para recordarte que debes hacer las comprobaciones (por ejemplo, cada vez que suene el teléfono).

3. Fomentar la intención. Muchas personas tienen su primer sueño lúcido después de leer algo al respecto. La mente tiene un poder asombroso, y es que si cultivas un pensamiento estarás cultivando así mismo una acción. Por lo tanto, es importante que ensayes mentalmente que estás lúcido en un sueño, que lo imagines y lo visualices antes de ir a dormir y que ese sea tu pensamiento dominante antes de dormir.

Poco a poco te irás acordando de los sueños con más regularidad y exactitud, te darás cuenta de que eres consciente de que estás soñando y con el tiempo podrás lograr hasta controlarlos.

Ser dueños y señores de nuestras propias ensoñaciones tiene sus ventajas. Pues de esta forma puedes acabar con pesadillas recurrentes, solucionar problemas, practicar habilidades, trabajar la creatividad o simplemente divertirte.

En pocas palabras, un sueño lúcido es aquel en el que la persona sabe que está soñando y puede ejercer cierto control sobre el sueño u observarlo pasivamente mientras es consciente de que se trata de un sueño. Y de ello tenemos algún que otro dato.

En una encuesta de 1998 sobre el comportamiento onírico de 1000 austriacos, al menos el 26 % informó tener sueños lúcidos a veces.

Una encuesta de 2011 de 900 adultos alemanes se comprobó que la mitad de ellos informaron haber tenido un sueño lúcido alguna vez, y era más común entre las mujeres y los jóvenes. Un análisis más amplio de 2016 tuvo resultados similares.

La mayoría de los soñadores lúcidos tiene estos sueños de forma natural y espontánea, sin intención.

Muy a menudo, los sueños lúcidos naturales comienzan en la adolescencia, a veces como un mecanismo para afrontar pesadillas frecuentes.

Dado que las personas que tienen sueños lúcidos con frecuencia son escasas, a los investigadores les puede resultar difícil conseguir altas tasas de éxito a la hora de provocar sueños lúcidos, lo que dificulta su estudio, especialmente en entornos de laboratorio.

Por eso, la investigación se centra en la actualidad en determinar qué técnicas funcionan mejor.

Las personas que recuerdan bien los sueños, por ejemplo, son más propensas a rememorar haber tenido sueños lúcidos. Esto ocurre porque parte de la corteza prefrontal, responsable de nuestra autoconciencia y pensamiento crítico, se desactiva levemente durante el sueño REM. Según un estudio, las áreas frontales del cerebro pueden activarse un poco más durante los sueños lúcidos.

El recuerdo de los sueños se puede mejorar con un diario de sueños, grabando un audio en el móvil sobre el sueño o reproduciéndolo en tu mente durante 10 minutos después de despertarte.

Comprobar la realidad es otra técnica muy usada. Consiste en preguntarte a ti mismo varias veces al día si estás soñando o no, con la esperanza de que también lo harás cuando estés dormido, y eso propiciará un sueño lúcido.

Sin embargo, diversas investigaciones apuntan a que el medio más efectivo consiste en dormir de cuatro a seis horas, despertarse durante una hora para hacer ejercicios enfocados en inducir sueños lúcidos y luego volver a dormir. La idea es hacerlo una vez que te queden unas dos horas de sueño. La mayoría de las personas tenemos alrededor de 50 % de nuestros sueños en ese período.

El problema, admite, es que despertarse a las 4 de la mañana no es ni divertido ni sostenible.

Un estudio de 350 participantes internacionales, publicado en 2020, examinó cinco métodos diferentes para inducir sueños lúcidos. Al método más efectivo se le llamó "inducción mnemotécnica de sueños lúcidos" ("Mild", por sus siglas en inglés).

Esto implica despertarse después de unas cinco horas de sueño y establecer la intención de tener un sueño lúcido, repitiendo la frase "la próxima vez que esté soñando, recordaré que estoy soñando", antes de volver a dormir.

Aunque existen muchas técnicas potenciales que no se han investigado aún. Una que se identificó en el estudio y que considera prometedora es la técnica del "sueño lúcido iniciado por los sentidos".

Esta consiste en despertarse después de cinco horas y luego cambiar de manera repetida la atención entre sensaciones visuales, auditivas y físicas antes de volver a dormir.

Lo interesante es controlar lo que sueñas.

Se ha demostrado que los sueños lúcidos reducen el insomnio y la ansiedad, e incluso ayudan a las personas a procesar su duelo. Pero para la mayoría de nosotros no es algo natural.

Si alguna vez te has sentido como si estuvieras en una película y viendo una película al mismo tiempo mientras soñabas, probablemente hayas experimentado el sueño lúcido. Pero puede que no supieras que se llama así, o cómo puede beneficiar a tu salud y bienestar.

El poder ejercer cierto control sobre el sueño, a la vez que observarlo pasivamente mientras se es consciente de que se trata de un sueño, da al soñador la oportunidad de influir potencialmente en su vida onírica (quizá interrumpiendo conscientemente una narración nocturna para reescribir un nuevo desenlace), lo que puede ser especialmente útil para reducir la frecuencia de las pesadillas en quienes las padecen. Por otra parte, participar en sueños lúcidos puede ayudar a las personas a reducir la gravedad de su insomnio, junto con los síntomas de ansiedad.

Se ha constatado que algunas personas que sueñan lúcidamente no quieren alterar el sueño: quieren explorar el sueño y ver qué les ofrece. Es una forma de explorar tu propia mente y de abrir oportunidades para relacionarte con distintas partes de tu psique.

Los sueños lúcidos también tienen valor como entretenimiento. Es como tener tu propia forma de realidad virtual.

Aunque la conciencia de los estados oníricos se remonta a siglos atrás, no fue hasta 1913 cuando el psiquiatra holandés **Frederik**

Van Eeden acuñó el término "sueño lúcido", basándose en sus propias experiencias. En las décadas de 1970 y 1980, hubo varios investigadores, entre ellos el psicofisiólogo Stephen LaBerge, que demostró que el sueño lúcido era un fenómeno que se producía durante el sueño REM, cuando se pedía a los soñadores que movieran los ojos siguiendo patrones distintos cuando se volvían lúcidos durante sus sueños.

Mientras tanto, los practicantes del budismo tibetano creen desde hace tiempo que las personas pueden entrenarse para ser lúcidas mientras sueñan a través de una práctica llamada yoga del sueño.

En realidad, todo el yoga del sueño es sueño lúcido. La diferencia es que en el yoga del sueño realizas intencionadamente técnicas contemplativas mientras estás en el sueño. Eres consciente de lo que haces mientras sueñas y haces cosas que normalmente no puedes hacer cuando estás despierto.

Estas acciones intencionadas incluyen conjurar objetos inusuales para que aparezcan en tu sueño, transformar el entorno o la ubicación del sueño, o transformar un objeto en otro.

Después del sueño, puedes experimentar flexibilidad cognitiva, darte cuenta de la facilidad con que puedes cambiar tus pensamientos y tu forma de pensar o de percibir tus circunstancias. Y puedes imaginar nuevas posibilidades, perspectivas y resultados situacionales.

El neurocientífico Ken Paller, afirma que no se conocen bien los fundamentos neurobiológicos de los sueños lúcidos. Pero las investigaciones preliminares sugieren que hay una mayor actividad en el córtex prefrontal del cerebro (que regula las funciones ejecutivas, como el pensamiento y la resolución de problemas, y las emociones) y en el córtex parietal, que interviene en el procesamiento y la integración de la información sensorial y la atención.

Mediante electroencefalogramas que miden la actividad eléctrica del cerebro, los investigadores han demostrado que el sueño lúcido constituye un estado híbrido de conciencia, con aspectos de la actividad cerebral que son característicos tanto de los estados de vigilia como del sueño REM.

En cuanto a los posibles beneficios de los sueños lúcidos podemos destacar los que van desde lo científico a lo personal, pasando por lo terapéutico.

Tradicionalmente ha sido muy difícil estudiar los sueños, pues se intentaba correlacionar los informes de sueños con lo que ocurría fisiológicamente en el cerebro. Con las técnicas desarrolladas para inducir movimientos oculares y sueños lúcidos durante la fase REM, los investigadores pueden marcar el inicio y el final de un sueño lúcido, lo que permite una alineación precisa con los informes subjetivos y los informes fisiológicos del cerebro, lo que antes solía ser imposible.

Los sueños lúcidos pueden potenciar la creatividad y contribuir al bienestar de las personas ayudándolas a aprender cosas sobre sí mismas que de otro modo no sabrían. Pueden aprender habilidades, encontrar respuestas a problemas y experimentar una transformación espiritual.

Un estudiante universitario, en una práctica de laboratorio, comprobó que los sueños lúcidos son especialmente curativos. Puesto que sus abuelos habían fallecido recientemente y pudo hablar con ellos en sus sueños lúcidos. Fue muy intenso y le ayudó a procesar su dolor. A su vez fue una experiencia muy estimulante y gratificante.

Los sueños lúcidos también ofrecen a las personas la oportunidad de practicar sus habilidades. Las investigaciones han descubierto que practicar habilidades motoras en sueños lúcidos es una forma de ensayo mental que mejora el rendimiento posterior en deportes o juegos en la vida real.

A nivel terapéutico, se ha descubierto que los sueños lúcidos ayudan a combatir el insomnio y las pesadillas. Si alguien tiene pesadillas recurrentes y aprende a tener sueños lúcidos, puede reconocer que está soñando, que lo que está experimentando no es real y, posiblemente, cambiar el resultado del sueño. Esto puede ser una poderosa experiencia transformadora, que les ayude a alcanzar algún nivel de resolución o curación.

En otro estudio, los investigadores examinaron y analizaron 400 mensajes en un foro de discusión sobre sueños lúcidos y descubrieron tanto efectos positivos como experiencias negativas. Por el lado positivo, muchas personas afirmaron que sus sueños mejoraban, se despertaban de buen humor y tenían menos pesadillas.

En el lado negativo, las personas declararon sentirse paralizadas (incapaces de gritar o moverse) o tener problemas para distinguir si estaban dormidas o realmente despiertas, y un sueño menos reparador.

Si se decide a probar los sueños lúcidos, uno de los requisitos es recordar bien los sueños, dicen los expertos. Si llevas un diario de tus sueños, empezarás a recordarlos mejor.

Las técnicas utilizadas para inducir sueños lúcidos tienen distintos grados de éxito y no hay una que funcione para todo el mundo. Es una habilidad que se puede aprender, pero la gente hace que parezca mucho más fácil de lo que realmente es.

Entre las técnicas más probadas están las cognitivas, que se realizan durante el día o mientras se duerme.

Con la técnica de comprobación de la realidad, dejas de hacer lo que estás haciendo a intervalos regulares a lo largo del día y te preguntas si estás en un sueño o en la realidad, y luego vuelves a tus actividades habituales. La idea es que estas "comprobaciones de la realidad" acaben incorporándose al sueño de una persona, permitiéndole distinguir entre las realidades del sueño y de la vigilia, lo que a su vez induce la lucidez onírica".

Una técnica llamada Inducción Mnemotécnica de Sueños Lúcidos consiste en ensayar un sueño durante el día y visualizar que se está lúcido mientras uno se dice a sí mismo: "La próxima vez que esté soñando, reconoceré que estoy soñando".

Con la técnica de Despertar y Volver a la Cama, la persona se pone un despertador para que suene después de unas seis horas de sueño, permanece despierta durante aproximadamente 30 minutos y luego vuelve a la cama con la intención de volverse lúcida si empieza a soñar. Otra, llamada técnica de los Sueños Lúcidos Iniciados por los Sentidos consiste en despertarse tras unas cinco horas de sueño y cambiar repetidamente la atención entre sensaciones visuales, auditivas y físicas antes de volver a dormirse.

De estas tres técnicas, un reciente estudio de 2023 descubrió que ensayar un sueño durante el día era la más eficaz.

Mediante un proceso de ensayo y error, puedes ver cuál te funciona mejor. O bien puedes apilarlas y utilizarlas todas, porque pueden funcionar juntas.

Independientemente de la frecuencia, los sueños lúcidos pueden ayudar a las personas a adquirir una sensación de agencia o control sobre el contenido de sus sueños. Lo cual es útil, añade, porque los efectos de los sueños pueden trasladarse a la vida de vigilia.

La mayoría de las personas pueden explorar y tratar de provocar sueños lúcidos por sí mismas, solo tienen que probarlo.

La capacidad de inducir sueños lúcidos es un campo intrigante que combina la comprensión de la mente, y técnicas específicas para lograr un estado consciente dentro de los sueños.

Estas son algunas de las prácticas y consejos que pueden aumentar tus posibilidades de experimentar sueños lúcidos:

1.   Llevar un diario de sueños: mantener un registro regular de tus sueños en el que anotes todos los detalles que puedas recordar en cuanto te despiertes. Este hábito no solo ayuda a mejorar la memoria de los sueños, sino que también facilita la identificación de patrones que podrían indicar la llegada de un sueño lúcido.

2.   Visualización y meditación: practicar estos ejercicios regularmente puede mejorar la conciencia y la capacidad de control en los sueños. Dedica tiempo a imaginarte en situaciones oníricas y visualiza el momento en que te das cuenta de que estás soñando.

Técnicas de inducción: experimenta con técnicas específicas de inducción, como la técnica MILD (Mnemonic Induction of Lucid Dreams) o la técnica WILD (Wake-Induced Lucid Dreaming). Estas técnicas involucran la repetición de afirmaciones antes de dormir o la transición consciente desde la vigilia al sueño.

Utiliza recordatorios: por ejemplo, coloca recordatorios visuales en tu entorno, como pegatinas o notas, que te pregunten si estás soñando. Esto fomenta la reflexión constante sobre tu estado de conciencia.

Optimiza el entorno de sueño: crea un entorno propicio para sueños lúcidos. Mantén un horario de sueño regular, asegúrate de tener un colchón cómodo, y sobre todo, haz lo posible para propiciar condiciones de oscuridad y silencio en tu habitación.

La práctica constante de estas técnicas puede mejorar tu capacidad para tener sueños lúcidos. Sin embargo, es importante recordar que la experiencia puede variar entre individuos y que no hay garantías, pero la paciencia y la consistencia son clave para conseguirlo.

Una de las técnicas para inducir el sueño lúdico consiste en despertarse después de unas cinco horas de sueño y repetir la frase "la próxima vez que esté soñando, recordaré que estoy soñando".

Y, por supuesto, incluso la mejor de todas no funcionará si no la pones en práctica de manera regular.

Otra metodología llamada "reactivación de la lucidez dirigida", que tiene como objetivo inducir el sueño lúcido en una sola sesión de siesta de laboratorio, se probó en un estudio de 2020. Los investigadores dieron a los participantes información sobre el sueño lúcido y el entrenamiento con señales de audio y visuales antes de que durmieran una siesta de 90 minutos, durante la cual se reprodujeron las mismas señales de audio y visuales durante el sueño REM.

Los participantes indicaron que tenían un sueño lúcido usando movimientos oculares. Esto hizo que la mitad de los participantes tuvieran sueños lúcidos.

Tres de cada cinco participantes del estudio que nunca habían tenido un sueño lúcido lo tuvieron en el laboratorio, con el uso de este método.

Aunque, un problema en la investigación sobre sueños lúcidos es que los estudios a menudo se han hecho a pequeña escala, o han tenido problemas metodológicos, aunque esto parece estar mejorando.

De hecho, muchos psicólogos no creían que los sueños lúcidos existieran hasta la década de 1980, después de que varios estudios clave demostraran que los soñadores lúcidos podían enviar señales al mundo exterior mientras estaban en el sueño REM.

LA EXPERIENCIA DEL SUEÑO LÚCIDO

Hay que tener en cuenta que, en los sueños pasan regularmente cosas extrañas, maravillosas e incluso imposibles, pero la gente normalmente no se da cuenta de que la explicación es simplemente que están soñando. Normalmente no significa siempre, y hay una excepción altamente significativa a esta generalización. A veces los soñadores se dan cuenta de la explicación para los extravagantes hechos que están experimentando, y el resultado son, por supuesto, los sueños lúcidos. Impulsados por el conocimiento de que el mundo que están experimentando es una creación de su propia imaginación, los soñadores lúcidos pueden influir conscientemente en el resultado de sus sueños. Pueden crear y transformar objetos, gente, situaciones, mundos e incluso a ellos mismos. Según los estándares del mundo familiar de la realidad física y social, pueden hacer lo imposible.

El mundo de los sueños lúcidos proporciona un escenario más amplio que la vida ordinaria para casi cualquier cosa imaginable, desde lo frívolo a lo sublime. De esta forma podríamos volar a las estrellas o viajar por tierras misteriosas. Podríamos unirnos a quienes están probando los sueños lúcidos como herramienta para resolver problemas, auto-sanación y crecimiento personal. O podríamos explorar las implicaciones de antiguas tradiciones e informes de modernos psicólogos que sugieren que los sueños lúcidos pueden ayudarnos a encontrar nuestra más profunda identidad, esto es, quiénes somos en realidad.

El sueño lúcido se ha conocido durante siglos, pero hasta poco ha sido un fenómeno raro y poco entendido. Recientemente, este nuevo campo de investigación ha captado la atención de la gente fuera del mundo de la investigación científica del sueño, porque los estudios han mostrado que con cierto entrenamiento la gente puede aprender a tener sueños lúcidos.

Pero ¿por qué se interesa la gente en aprender a ser conscientes en sus sueños? De acuerdo con la experiencia y el testimonio de muchos soñadores lúcidos, los sueños lúcidos pueden ser extraordinariamente intensos y placenteros. La gente considera con frecuencia que sus sueños lúcidos están entre las experiencias más maravillosas de sus vidas.

Si esto fuese todo, los sueños lúcidos serían un entretenimiento delicioso, pero sólo es, al no valer para nada más. Sin embargo, como ya hemos descubierto, podemos usar el sueño lúcido para mejorar la calidad de nuestra vida de vigilia.

La mayoría de la gente puede utilizar con toda seguridad el conocimiento disponible sobre los sueños lúcidos para dirigir sus propias exploraciones. Probablemente las únicas personas que no deberían experimentar con el sueño lúcido son aquéllas que no son capaces de distinguir entre la realidad de vigilia y las construcciones de su imaginación. Aprender y comprender el sueño lúcido no nos causará la pérdida de contacto con la diferencia entre estar despierto y soñando. Por el contrario, el sueño lúcido es para volverse más consciente.

Los sueños son una reserva de conocimiento y experiencia, y sin embargo los hemos pasado por alto como vehículo para explorar la realidad. En el estado de sueño nuestros cuerpos descansan, y aun así podemos ver y oír, movernos y ser incluso capaces de aprender. Cuando hacemos buen uso del estado de sueño, es casi como si nuestras vidas se duplicasen: en lugar de cien años, vivimos doscientos.

Del estado de sueño lúcido podemos traernos al estado de vigilia, no sólo conocimiento, sino también estados de ánimo. Cuando nos despertamos riendo de alegría a causa de un maravilloso sueño lúcido, no es sorprendente que nuestro estado de ánimo al despertar se vea iluminado por sentimientos de alegría.

La capacidad de traer sentimientos positivos al estado de vigilia es un aspecto importante de los sueños lúcidos. Los sueños, recordados o no, a menudo colorean nuestro estado de ánimo al despertar, a veces durante buena parte del día. Al igual que el efecto secundario de los "malos" sueños pueden hacer que se sienta como si se hubiese levantado con el pie izquierdo, los sentimientos positivos de un sueño agradable pueden darle un empujón emocional, ayudándole así a comenzar el día con confianza y energía. Esto es verdad sobre todo para sueños lúcidos inspiradores.

Propongo el siguiente ejercicio experimental que nos va a guiar por nuestro estado de consciencia de vigilia de todos los días. Emplee alrededor de un minuto en cada uno de los pasos.

Ejercicio: su actual estado de consciencia

1. Vea.

Hágase consciente de lo que ve en sus sueños. Dese cuenta de las reales y variadas impresiones (formas, colores, movimiento, del mundo visible entero).

2. Oiga.

Hágase consciente de lo que oye. Registre los variados sonidos que llegan a sus oídos, un múltiple rango de intensidades, grados y cualidades tonales, tal vez incluso el tópico del milagro del lenguaje o la maravilla de la música.

3. Sienta.

Hágase consciente de lo que toca: textura (suave, áspera, seca, pegajosa o húmeda), peso (pesado, ligero, sólido o hueco), placer, dolor, calor y frío, y las demás cualidades. Dese cuenta también de cómo se siente su cuerpo ahora mismo y compare esto con las otras muchas formas en que se siente otras veces: cansado o energético, entumecido o desentumecido, con dolor o con placer, y así sucesivamente.

4. Saboree.

Hágase consciente de lo que es gustar: saboree diferentes alimentos y sustancias, o recuerde e imagine vivamente sus sabores.

5. Huela.

Hágase consciente de lo que huele: el olor de los cuerpos cálidos, la tierra, el incienso, el humo, perfume, café, cebollas, la carretera recién asfaltada o el mar. Recuerde e imagine tantos como pueda.

6. Respire.

Preste atención a su respiración. Hace un momento probablemente no era consciente de ella incluso aunque inhalaba y exhalaba cincuenta veces mientras estaba haciendo este ejercicio. Retenga la respiración durante unos segundos. Déjela salir. Ahora haga una profunda inspiración. Dese cuenta de cómo hacerse consciente de su respiración le permite alterarla deliberadamente.

7. Emociones.

Hágase consciente de sus sentimientos. Recuerde la diferencia entre enfado y alegría, serenidad y excitación, y entre todas las emociones que puede sentir. ¿Cómo de reales se sienten las emociones?

8. Pensamientos.

Hágase consciente de sus pensamientos. ¿Qué ha estado pensando mientras hacía este ejercicio? ¿Qué está pensando ahora? ¿Cómo de reales parecen los pensamientos?

9. "Yo"

Hágase consciente del hecho de que su mundo siempre le incluye a usted. El "yo" básicamente es "yo veo, yo oigo, yo siento, esto es, el hecho básico de la experiencia". Mientras que nosotros no somos lo que vemos, oímos, pensamos o sentimos, sino que simplemente tenemos estas experiencias. Quizá más esencialmente, usted es quien está consciente. Ahora repita de nuevo el ejercicio, pero preste atención a los variados aspectos de su experiencia, es decir, sea consciente de que es usted quien se está dando cuenta de esas cosas (por tanto repita "Yo veo la luz, yo oigo"...).

10. Consciencia de la consciencia

Finalmente, sea consciente de su consciencia. Normalmente, la consciencia se enfoca en los objetos exteriores, pero ella misma puede ser objeto de consciencia. A la luz de la experiencia ordinaria, parecemos ser distintos y limitados centros de consciencia, cada uno solo en sus mundos internos. A la luz de la eternidad, los místicos nos dicen que en último término somos uno, la consciencia ilimitada que es la fuente del ser. Aquí, esta experiencia no puede ser expresada por el lenguaje.

Los sueños lúcidos y la vida de vigilia

La mayor parte de lo que acaba de observar acerca de su presente mundo experiencial se aplica también al mundo de los sueños. Si usted estuviese soñando, experimentaría un mundo multisensorial tan rico como el mundo que está experimentando ahora mismo. Vería, oiría, sentiría, saborearía, pensaría y sería tal como ahora.

La diferencia crucial es que el mundo multisensorial que experimenta mientras sueña se origina internamente en lugar de externamente. Mientras está despierto, la mayoría de lo que percibe se corresponde con personas, objetos y eventos que realmente existen en el mundo externo. Debido a que los objetos percibidos en vigilia en realidad existen con independencia de su mente, se mantienen relativamente estables. Por ejemplo, podemos ver un monumento, cerrar los ojos, volverlos a abrir, y observar que es real y sigue ahí.

Si estuviese en un sueño lúcido, su experiencia del mundo sería incluso más diferente de la vida de vigilia. En primer lugar usted sabría que todo es un sueño. Debido a esto, el mundo alrededor de usted tendería a reorganizarse y transformarse incluso más de lo que es habitual en los sueños. Cosas "imposibles" comenzarían a suceder, y la escena del sueño en sí misma, más que desaparecer una vez que usted sabe que es "irreal", podría aumentar en claridad y brillantez hasta encontrarse usted pasmado de asombro.

Si estuviese completamente lúcido, se daría cuenta de que todo el sueño es su propia creación, y con esta consciencia podría venir un enorme sentimiento de libertad. Nada exterior, ni leyes sociales ni físicas, podrían restringir su experiencia; usted podría hacer cualquier cosa que su mente pueda concebir. Inspirado de este modo, podría volar hacia los cielos. Podría atreverse a encarar a alguien o algo que ha estado evitando; podría visitar a un ser querido ya fallecido con quien podría haber estado deseando hablar; o podría simplemente buscar más conocimiento y sabiduría.

Mediante el cultivo de la consciencia en sus sueños, y mediante el aprendizaje de cómo usarlos, puede añadir más consciencia, más vida, a su vida. En el proceso incrementará su disfrute de sus viajes oníricos nocturnos y profundizará en su comprensión de sí mismo. Despertando en sus sueños, puede despertar a la vida.

Pero en realidad, ¿cómo nos preparamos para aprender a tener sueños lúcidos? Para ello, uno ¿"nace, o, se hace"?

Muchas personas experimentan sueños lúcidos después de leer u oír acerca de ellos por primera vez. Esto puede deberse a la suerte del principiante: oyen que se puede hacer, así que lo hicieron. Como resultado de complacer su curiosidad sobre los sueños lúcidos puede ser que ya haya tenido uno o dos sueños lúcidos, pero probablemente no haya aprendido a tenerlos cada vez que quiera.

Antes de disponerse a explorar el mundo de los sueños lúcidos necesitará saber algunos hechos básicos sobre su cerebro y su cuerpo durante el sueño. Después puede serle útil saber sobre los orígenes de los "bloqueos mentales" comunes que impiden que la gente se proponga la tarea de volverse conscientes en sus sueños.

Su entrenamiento en los sueños lúcidos comenzará llevando un diario de sueños y mejorando su recuerdo de los sueños. Su preparación para el diario de sueños lúcidos le ayudará a descubrir cómo son sus sueños. El siguiente paso será usar su colección de sueños para encontrar peculiaridades (señales oníricas) que aparecen con la suficiente frecuencia como para ser señales indicadoras en el estado de sueño.

Así se hará familiar con sus sueños ordinarios y habrá aprendido a volverse más o menos lúcido a voluntad. Pero primero es importante que enfoque su mente en el aprendizaje de las habilidades preliminares y la información de fundamento requerida para convertirse en un soñador lúcido.

Para ello recuerde "Cerebro dormido, mente soñadora"

La gente está intrigada por la necesidad de dormir. ¿Por qué nos apagamos durante ocho horas cada veinticuatro? Algunas respuestas probables son para restaurar el cuerpo y la mente, y para mantenernos a salvo de problemas durante las horas de oscuridad. Pero llamar al sueño un misterio conlleva una pregunta incluso mayor: ¿Qué significa estar despierto? Una definición básica de estar despierto es estar consciente. ¿Consciente de qué?

Cuando hablamos de sueño y vigilia, nos referimos a consciencia del mundo exterior. Aun así, cuando estamos dormidos e inconscientes de la mayor parte del mundo exterior, uno puede ser consciente (y, por lo tanto, "despierto") en el mundo de la mente. Hay grados y grados de estar despiertos. Los soñadores lúcidos están más conscientes de su situación real; saben que están soñando, así que podemos decir que "están despiertos en sus sueños". Exponentes de los métodos tradicionales para alcanzar una consciencia más elevada hablan de "despertar", y quieren decir con esto "incrementar la consciencia del lugar que uno ocupa en el cosmos".

Pero ¿cómo hace alguien o algo para estar "consciente"?

La consciencia en los organismos biológicos es una función del cerebro. Los órganos sensoriales detectan información (luz, sonido, calor, textura, olor) en el mundo y la transmiten al cerebro. El cerebro interpreta la información y la sintetiza en una concepción de lo que está sucediendo en el mundo exterior.

Los cerebros con los que experimentamos nuestros mundos, bien sea soñando o despiertos, son el producto de la evolución biológica. Durante los pasados miles de millones de años los organismos vivientes han competido en el juego de vida y muerte de "Comer o Ser Comido: la Supervivencia del más Apto" de la Madre Naturaleza. Los organismos simples unicelulares no saben si algo es depredador o presa hasta que se tropiezan con ello. Si es alimento, lo engullen. Si es un depredador, son devorados. Esta es, obviamente, una forma peligrosamente ignorante de mantenerse con vida.

Dado que saber lo que sucede alrededor de uno tiene un enorme valor para la supervivencia, las criaturas gradualmente desarrollaron órganos que les permitían predecir si debían acercarse a algo o evitar algo en su entorno sin tener que tropezarse con ello. Durante cientos de miles de millones de generaciones los organismos desarrollaron sistemas nerviosos cada vez más sofisticados y, por lo tanto, capacidades fiables y precisas para percibir el entorno y controlar sus acciones.

Nuestro cerebro mantiene un modelo actualizado de lo que sucede en el mundo y predice lo que podría suceder en el futuro. La predicción requiere usar información adquirida previamente para ir más allá de la información actualmente disponible. Si eres una rana y un objeto pequeño y oscuro pasa volando, la información almacenada en tu cerebro de rana a lo largo de la evolución le permite predecir que ese objeto es comestible y, ¡plas!, se come una mosca. O si una sombra grande cae súbitamente sobre tu hoja de nenúfar, la información disponible (también adquirida mediante la evolución) permite a tu cerebro de rana predecir el peligro, y ¡plop!... Puesto que las ranas no ven el mismo mundo que nosotros vemos –los patrones complejos de color, luz, sombra y movimiento que nosotros identificamos como árboles, flores, pájaros u ondas en el agua. El mundo de la rana está compuesto probablemente por elementos simples como "pequeño objeto volador" (comida), "objeto grande que se acerca" (peligro), "calor agradable" (luz del sol) o "sonido atractivo" (rana del sexo opuesto). A pesar de que el cerebro humano es mucho más complejo que el de la rana, funciona según los mismos principios básicos. Su cerebro cumple su tarea de modelar el mundo tan bien que nosotros mismos, de ordinario, no somos conscientes de que estemos modelando nada. Es decir, miramos y vemos. La experiencia de la percepción visual parece tan sencilla como mirar por una ventana y simplemente ver qué hay allí. Sin embargo, ver, oír, sentir o percibir mediante cualquier otro sentido es un proceso de modelado mental, una simulación de realidad. Los contenidos de su consciencia, es decir, sus experiencias actuales, se construyen y dependen de sus actuales propósitos, de lo que está haciendo y de qué información relevante hay disponible en el momento.

La mente durante el sueño

Si usted está despierto y embarcado en alguna clase de actividad (caminar, o leer), su cerebro está procesando activamente los datos externos que le llegan del entorno mediante sus sentidos, datos que junto con su memoria, le proporcionan la materia prima a partir de la cual usted construye un modelo del mundo. Mientras está despierto y activo, el modelo refleja con exactitud su relación con el mundo externo.

Si está despierto, pero físicamente inactivo, el equilibrio de la atención se desplaza desde el exterior al interior. Hasta cierto punto su pensamiento se vuelve independiente de los estímulos externos, su mente vaga, usted ensueña despierto. Con parte de su mente está modelando mundos que podrían ser tan reales como el entorno real. Aun así, usted tiende a mantener un modelo reducido del mundo exterior y su atención puede ser traída con facilidad de vuelta a él si aparece algún signo de peligro.

En el caso del sueño, entran tan pocos datos sobre el mundo exterior que usted deja de mantener un modelo consciente de él. Cuando su cerebro durmiente es activado lo suficiente como para construir un modelo del mundo en su consciencia, dicho modelo es en su mayor parte independiente de lo que está pasando en su entorno. En otras palabras: un sueño. El cerebro durmiente no siempre está creando un modelo multidimensional del mundo. A veces parece estar meramente pensando, o haciendo muy poco. Las diferencias de actividad mental durante el sueño dependen en gran medida de las diferencias en el estado del cerebro del que duerme.

El sueño no es un estado uniforme de retirada pasiva del mundo, según pensaron los científicos hasta el siglo XX. Hay dos clases distintas de sueño: una fase reposada y una fase activa, que se distinguen por diferencias en la bioquímica, la fisiología, la psicología y el comportamiento. Para definir ambos estados se usan los cambios en las ondas cerebrales (actividad eléctrica medida en el cuero cabelludo), los movimientos oculares y el tono muscular. La fase reposada encaja bastante bien con el sentido común de considerar el sueño como un estado de sosegada inactividad. Su mente hace muy poco mientras usted respira lenta y profundamente; su tasa metabólica está al mínimo y se liberan hormonas del crecimiento para facilitar los procesos restauradores. Cuando se la despierta desde este estado, la gente se siente desorientada y rara vez recuerda haber soñado. Puede observar este estado en su gato o en su perro, cuando está durmiendo tranquilamente en una postura más o menos relajada (en el caso de los gatos, la postura de la "esfinge") y respira lenta y regularmente. A propósito, esta es la fase del sueño en la que tienen lugar el hablar dormido y el sonambulismo.

La transición desde el sueño reposado al activo es bastante dramática. Durante la fase activa del sueño, comúnmente llamada de movimientos oculares rápidos (Rapid Eye Movement) o sueño REM, sus ojos se mueven rápidamente (bajo los párpados cerrados, por supuesto), de forma muy parecida a como lo harían si estuviese despierto. Su respiración se vuelve rápida e irregular, su cerebro quema tanto combustible como si estuviese despierto, y usted sueña de una forma muy real, y muy metido en el sueño. Tendrán lugar los estímulos sexuales, y mientras toda esta actividad sucede en su cerebro, su cuerpo permanece casi completamente quieto (excepto por pequeños tirones), porque está temporalmente paralizado durante el sueño REM para evitar que usted represente los movimientos del sueño.

La "parálisis del sueño" de la fase REM no siempre se desactiva inmediatamente al despertar; por eso puede haber experimentado usted el haberse despertado y no ser capaz de moverse durante un minuto. La parálisis del sueño puede parecer una experiencia terrorífica, pero en realidad es bastante inofensiva, y de hecho puede ser incluso útil para inducir sueños lúcidos.

Puede ver un buen ejemplo de "sueño paradójico", como se denomina al sueño REM en Europa, cuando observe a su gato o a su perro durmiendo totalmente encogido, respirando irregularmente, estremeciéndose, mostrando movimientos oculares y, en el caso de los perros, moviendo la cola, gimiendo, aullando y ladrando. Entonces es cuando la gente, con toda justificación, dice: "¡Mira, fulanito está soñando!"

El viaje nocturno del durmiente

El sueño reposado se divide, a su vez, en tres subfases. La fase 1 es un estado de transición entre la vigilia somnolienta y el sueño ligero, caracterizada por lentos movimientos erráticos de los ojos y pequeños sueños, muy reales y breves, llamados imágenes "hipnagógicas" (del griego "guiar hacia el sueño"). Normalmente pasamos con rapidez de la fase 1 a la fase 2, que ya es sueño propiamente dicho, y que se caracteriza por patrones de ondas cerebrales únicos llamados "husos del sueño" y "complejos K". La actividad mental en este punto es dispersa, y parecida a pensar. Lo normal es que después de entre veinte y treinta minutos, caigamos profundamente hacia el "sueño delta", llamado así por las ondas cerebrales, regulares y lentas, que caracterizan a esta fase del sueño reposado. Se informa de muy poco contenido de sueños en esta fase delta. Es interesante que este estado de sueño profundo y sin sueños sea muy apreciado en algunas tradiciones místicas de Oriente como el estado en el que establecemos contacto con nuestra consciencia interior más profunda. Es entonces cuando el mundo interior puede ser inundado con la luz de la más alta consciencia universal. El estado de consciencia de vigilia se adormece. Además, los aspectos personales de la mente desconocida se abandonan temporalmente. Los recuerdos, los problemas, las agitadas imágenes del sueño quedan atrás. Todas las limitaciones del inconsciente personal se disuelven en la luz de la más alta consciencia.

Así, después de entrar gradualmente en la más profunda fase del sueño delta y demorarse allí durante treinta o cuarenta minutos, regresamos a la fase 2. Entre aproximadamente setenta y noventa minutos después de habernos quedado dormidos, entramos en el sueño REM por primera vez en la noche. Después de entre cinco y diez minutos de REM, y posiblemente seguido de un breve despertar en el que podríamos recordar un sueño, nos sumergimos de nuevo en la fase 2 y posiblemente delta, alcanzando otro periodo REM aproximadamente cada noventa minutos, y así sucesivamente a lo largo de la noche.

Mientras aprendamos y practiquemos los sueños lúcidos, deberíamos tener en mente dos elaboraciones en este ciclo: 1) la longitud de los períodos REM se incrementa según transcurre la noche, y 2) los intervalos entre períodos REM se acortan, desde noventa minutos al comienzo de la noche hasta quizá sólo veinte o treinta minutos ocho horas más tarde. Finalmente, después de cinco o seis períodos en que se sueña, nos despertamos tal vez por décima o decimoquinta vez en la noche (despertamos tantas veces en una noche promedio, pero rápidamente lo olvidamos, al igual que puede olvidar una conversación con alguien que le llama en medio de la noche).

De esta forma, después de completar su tour en este viaje nocturno a lo largo del sueño, puede preguntarse en qué etapa del sueño ocurren los sueños lúcidos.

Los expertos de finales de los 70 estaban convencidos de que soñar con consciencia de que estás soñando era una contradicción en los términos y, por lo tanto, imposible.

Aunque ya se sabía que anteriores estudios habían demostrado que la dirección de los movimientos de los ojos físicos del soñador durante la fase REM era algunas veces exactamente la misma dirección de la que informaban que habían mirado en sus sueños. Tenemos el ejemplo de soñador que fue despertado durante la fase REM después de hacer una serie de más o menos una docena de movimientos regulares izquierda-derecha-izquierda-derecha. Informó de que había soñado acerca de una partida de tenis de mesa. Justo antes de despertar había estado mirando una larga volea con su mirada del sueño.

Se puede concluir que la estimación del tiempo en el sueño es casi igual al tiempo del reloj; es decir, lleva tanto tiempo hacer algo en un sueño como hacerlo en la realidad.

Entonces, cómo se puede tener un sueño que parece durar años o vidas enteras. Este efecto se consigue en sueños mediante el mismo truco de escenario que causa la ilusión del paso del tiempo en las películas o en el teatro. Si en la pantalla, el escenario o el sueño, vemos a alguien que apaga la luz cuando el reloj da la media noche, y tras unos segundos de oscuridad le vemos apagando la alarma mientras la luz del sol de la mañana brilla a través de la ventana, aceptaremos (fingiremos sin ser conscientes de estar fingiendo) que han pasado varias horas, incluso aunque "sabemos" que han sido sólo unos pocos segundos.

El método de hacer que los soñadores lúcidos envíen señales desde el mundo de los sueños mediante movimientos oculares ha demostrado una fuerte relación entre las miradas de los soñadores en el sueño y sus movimientos oculares reales tras los párpados cerrados. Las implicaciones del fuerte lazo entre los movimientos de los ojos del sueño y los movimientos de los ojos reales son que usamos el mismo sistema visual para mirar alrededor en el mundo de los sueños que el que usamos para ver el mundo de vigilia.

Los soñadores lúcidos retienen la respiración o bien respiran rápidamente en sueños. Además, también se ha comprobado que las diferencias en la actividad cerebral causada por cantar frente a contar en el estado de vigilia (cantar tiende a poner en actividad el hemisferio derecho y contar, el izquierdo) casi se duplican en el sueño lúcido. En pocas palabras, para nuestros cerebros, soñar con hacer algo es equivalente a hacerlo en la realidad. Este hallazgo explica por qué los sueños parecen tan reales. Pues para el cerebro son reales.

Continuamos estudiando la conexión entre las acciones soñadas y la fisiología, con el propósito de producir un mapa detallado de las interacciones cuerpo/mente durante el sueño con sueños en todos los sistemas fisiológicos mensurables. Tal mapa podría ser de gran valor para la psicología de los sueños y para la medicina psicosomática. De hecho, dado que las actividades del sueño producen efectos fisiológicos reales, los sueños lúcidos pueden ser útiles para ayudar al funcionamiento del sistema inmunitario. En cualquier caso, los efectos fisiológicos causados por los sueños muestran que no podemos desechar los sueños como algo ocioso que surge de nuestra imaginación.

A pesar de que la tendencia en nuestra cultura es a ignorar los sueños, las experiencias de los sueños son tan reales para nosotros como la vida de vigilia. Si buscamos mejorar nuestras vidas, haríamos bien en incluir en nuestros esfuerzos nuestra vida onírica.

VALORES SOCIALES Y SUEÑOS LÚCIDOS

Esta resistencia probablemente tenga sus raíces en la perspectiva conductivista en psicología, que trataba a todos los animales, incluso a los seres humanos, como "cajas negras" cuyas acciones eran enteramente dependientes de los estímulos externos. El contenido de la "mente" de un animal era considerado no susceptible de ser medido y, por lo tanto, fuera de los dominios del estudio científico.

Desde finales de los años sesenta, sin embargo, la ciencia ha comenzado una vez más a explorar el reino de la experiencia consciente. El estudio de los sueños lúcidos es un ejemplo. No obstante, la comprensión cultural va normalmente por detrás de la comprensión científica. Las teorías de Darwin de la evolución de los organismos biológicos tienen un siglo, pero la agitación que causó al perturbar el status quo del pensamiento aceptado aún afecta a nuestra sociedad. Por eso no nos sorprende encontrar que algunas personas, científicos incluidos, aún se resistan a las nuevas (para Occidente) capacidades de la mente humana que la investigación científica está descubriendo y demostrando.

Los sueños lúcidos pueden tener un efecto significativo y valioso en nuestra vida.

Sin ir más lejos, la abrumadora mayoría de los sueños lúcidos son experiencias positivas, beneficiosas, mucho más que los sueños ordinarios (por no hablar de las pesadillas). Sin embargo, probablemente habrá personas que encuentren aterradora la experiencia del sueño lúcido y, en algunos casos, extremadamente perturbadora.

Por ejemplo, el filósofo Ouspensky, experimentó emociones conflictivas con respecto a los estados de "semisueño", como él llamaba a los sueños lúcidos. Para él, la primera sensación que producían era de asombro. Esperaba encontrar una cosa o la otra. La siguiente era un sentimiento de extraordinaria alegría que le confirieron los estados de 'medio-sueño' y la posibilidad de ver y comprender en una forma nueva. Y la tercera fue un cierto miedo de ellas, porque se dio cuenta muy pronto de que si dejaba que siguieran su propio curso, comenzarían a crecer y expandirse, y a usurpar ambos estados, el de sueño y el de vigilia.

De esta forma, experimentó exactamente el mismo miedo que cuando comenzó a tratar de inducir sueños lúcidos. Sus esfuerzos se encontraron pronto con un impresionante éxito; después de unos meses tenía cada vez más sueños lúcidos en lo que parecía ser una alarmante tasa de aumento. Tuvo miedo de no ser capaz de controlar el proceso. Por lo que llegó a preguntarse "¿Qué pasaría si todos mis sueños se volvieran lúcidos?", pues él se veía no lo suficientemente sabio como para dirigir conscientemente todos sus sueños. Y, ¿Qué pasaría si cometía errores?" Y así sucesivamente.

Sin embargo, se encontró con que en el momento en que se enfrascaba en esta preocupada línea de pensamiento, dejaba de tener sueños lúcidos. Después de reflexionar serenamente se dio cuenta de que sin su consentimiento había en realidad muy pocas posibilidades de que todos sus sueños se volvieran lúcidos. De esta forma, olvidó rápido que los sueños lúcidos requieren esfuerzo. Los sueños lúcidos acontecen sólo rara vez a no ser que uno se vaya a dormir con la intención deliberada y definitiva de volverse consciente, o lúcido, en sus sueños. De este modo comprendió que podría ser capaz de regular (y limitar, si fuese necesario) la frecuencia de sus sueños lúcidos. De hecho, después de una década de experimentar con más de mil sueños lúcidos, rara vez tuvo más de unos pocos al mes a no ser que tuviera el deseo consciente de tener más.

Por ello se plantea que, "dado que creo que los sueños son mensajes de la mente inconsciente, tengo miedo de que controlar mis sueños conscientemente interfiriera con este importante proceso y me prive de los beneficios de la interpretación de los sueños".

Sin embargo, los sueños no son cartas de la mente inconsciente, sino experiencias creadas mediante las interacciones de las mentes inconsciente y consciente. En sueños hay más conocimiento inconsciente disponible para nuestra experiencia consciente. Aunque también es verdad que el sueño no es en absoluto un reino exclusivo de la mente inconsciente. Si así fuera, la gente nunca recordaría sus sueños, porque no tenemos acceso a lo que no es consciente cuando estamos despiertos.

La persona, u ego onírico, que experimentamos ser en el sueño es la misma que en nuestra consciencia de vigilia. Constantemente influye en los eventos del sueño mediante sus expectativas y prejuicios, tal como hace en la vida de vigilia. La diferencia esencial en el sueño lúcido es que el ego está consciente de que la experiencia es un sueño. Esto permite al ego mucha más libertad de elección y responsabilidad creativa para encontrar la mejor forma de actuar en el sueño.

No debemos ser siempre conscientes en nuestros sueños, de la misma forma que no debemos ser conscientes de lo que hacemos en nuestra vida de vigilia. Algunas veces la autoconsciencia puede interferir con una actuación efectiva; si está en una situación (soñando o despierto) en la que sus hábitos están funcionando con suavidad, no necesita dirigir su acción conscientemente. Sin embargo, si sus hábitos lo están llevando en la dirección equivocada (soñando o despierto), debería ser capaz de "despertar" frente a lo que está haciendo equivocadamente y redirigir conscientemente su actuación.

En cuanto a los beneficios de la interpretación de los sueños, los sueños lúcidos pueden ser examinados de forma tan fructífera como los no lúcidos. De hecho, los soñadores lúcidos a veces interpretan sus sueños mientras están sucediendo. Volverse lúcido es parecido a alterar lo que de otro modo habría pasado, pero el sueño aún puede interpretarse.

A pesar de la aparentemente terrorífica naturaleza de esta preocupación, es poco más que miedo a lo desconocido. No hay ninguna evidencia de que nada de lo que usted haga en un sueño pueda afectar a la fisiología básica de su cerebro en forma dañina. Y, por intenso que pueda parecer el sueño, no puede durar más que el curso natural de los períodos REM (alrededor de una hora como máximo). Por supuesto, debido a que la exploración del mundo de los sueños acaba de empezar, por fuerza tiene que haber regiones no cartografiadas. Pero no debería tener miedo de ser pionero en ellas. El sentimiento de intensa ansiedad que acompaña al comienzo súbito de extrañas experiencias en sueños es una parte natural de la respuesta de orientación: para una criatura en una nueva situación o territorio, buscar por si hay peligro significa capacidad de adaptación en el mundo de vigilia. Sin embargo, el miedo no es necesariamente relevante para lo que está sucediendo, puesto que no necesitamos temer un daño físico en nuestros sueños. Cuando se encuentra en medio de una nueva experiencia, deje que su miedo se vaya y tan sólo vea qué sucede.

Por poner un ejemplo, dicen que si uno muere en un sueño, realmente muere. Eso no se sabe, aunque sí que hay una evidencia directa que apunta hacia lo contrario: mucha gente ha muerto en sus sueños sin efectos negativos, según lo que contaron después de despertar – vivos -. Además, los sueños de muerte pueden convertirse en todo lo contrario, esto es, en sueños de renacer.

También puedo preguntarme, si uso mi lucidez en un sueño para manipular y dominar a los otros personajes del sueño y alterar mágicamente el entorno del sueño, ¿no haré de este comportamiento un hábito que no parece que me beneficie en mi vida de vigilia? Pues realmente no parece que sea perjudicial. Es más, hasta puede beneficiarse de la sensación de poder generada por el hecho de tomar el control del sueño.

Dormir con sueños lúcidos es normalmente tan reposado como dormir sin ellos. Dado que los sueños lúcidos tienden a ser experiencias positivas, en realidad podría sentirse con más energía después de tenerlos. Cómo de cansado se sienta después de un sueño depende de lo que haya hecho en él; si ha batallado interminablemente y sin lucidez contra situaciones frustrantes, probablemente se sentirá más cansado que si se hubiera dado cuenta de que era un sueño y de que ninguna de sus preocupaciones diarias era importante. Debería trabajar con los sueños lúcidos cuando tenga tiempo y energía para entregarse a la tarea. Es probable que los ejercicios de aumento de la memoria onírica y de la inducción de sueños lúcidos requieran que pase más tiempo despierto durante la noche de lo que sería corriente y, posiblemente, que duerma más horas. Si está demasiado ocupado como para dedicar más tiempo a dormir o para sacrificar algo del poco sueño que pueda disponer, probablemente no es una buena idea que trabaje con los sueños lúcidos en este preciso momento. Hacerlo sólo se añadirá a su actual estrés, y con probabilidad no logrará resultados demasiado buenos. El sueño lúcido, al menos al principio, requiere dormir bien y energía mental para concentrarse. Una vez que aprenda las técnicas, debería ser capaz de llegar a un punto en el que pueda tener sueños lúcidos cada vez que lo desee con tan sólo recordarse a sí mismo que puede hacerlo.

Una de las grandes piedras de tropiezo a la hora de aprender casi cualquier habilidad es empeñarse demasiado. Éste es, especialmente, el caso con los sueños lúcidos, que requieren dormir bien y tener un estado mental equilibrado. Si encuentra que está perdiendo sueño mientras lucha para tener sueños lúcidos sin resultado, abandone sus esfuerzos por un tiempo. Relájese y olvide los sueños lúcidos durante unos cuantos días o semanas. A veces se encontrará con que, después de relajar su empeño, aparecerán sueños lúcidos.

Puede ser también que nos volvamos adictos a ellos y no deseemos hacer ninguna otra cosa. En cualquier caso, para los que tengan la idea de dejar pasar la vida durmiendo por querer tener sueños lúcidos, un consejo es aplicar a sus vidas de vigilia lo que hayan aprendido en sueños lúcidos. Si los sueños lúcidos parecen mucho más reales y excitantes, esto debería inspirarle para hacer su vida más semejante a sus sueños: más real, intensa, placentera y gratificante. En ambos mundos, su comportamiento influye en su experiencia.

En cuanto a recordar los sueños, hay que decir que aprender a recordarlos es necesario si queremos aprender a soñar lúcidamente. Así, hasta que no tengamos una excelente memoria onírica, no tendremos demasiadas posibilidades de tener muchos sueños lúcidos. Hay dos razones para esto. La primera es que sin recuerdo, incluso si ha tenido un sueño lúcido, no lo recordará. De hecho es probable que todos hayamos tenido numerosos sueños lúcidos entre los muchos miles de sueños que hemos olvidado en el curso normal de nuestras vidas. La segunda razón es que la memoria onírica es crucial porque para volverse lúcido debe reconocer que su sueño es un sueño mientras está sucediendo. Dado que son sus sueños lo que está tratando de reconocer, debe familiarizarse con su aspecto.

En términos generales sabemos lo que es un sueño. Pero las historias soñadas no siempre son fáciles de distinguir de relatos de eventos que han pasado en la realidad. Los sueños en general se parecen a la vida, con ciertas excepciones notables, que son contrarias a nuestras expectativas acerca del comportamiento del mundo. Así que necesita saber qué aspecto tienen sus sueños, y en particular, qué hay de onírico en ellos. Puede lograr esto anotando sus sueños y analizándolos en busca de elementos oníricos.

Antes de que merezca la pena emplear su tiempo en trabajar con los métodos de inducción de sueños lúcidos, debería ser capaz de recordar al menos un sueño por noche.

Para ello, el primer paso para una buena memoria onírica es dormir lo suficiente. Si está descansado, encontrará que es más fácil concentrarse en su propósito de recordar los sueños, y no le importará emplear el tiempo necesario para anotarlos por la noche. Otra razón para dormir más tiempo es que los períodos de sueño se vuelven más largos y próximos entre sí según transcurre la noche. El primer sueño de la noche es el más corto, tal vez de diez minutos, mientras que después de ocho horas de sueño, los períodos de sueño pueden ser de entre cuarenta y cinco minutos y una hora.

Puede tener más de un sueño durante un período REM (de sueños), separado por breves despertares que se olvidan en la mayoría de las ocasiones. Generalmente se acepta entre los investigadores del sueño que estos no se recuerdan a no ser que el durmiente despierte directamente desde el sueño, y no después de continuar hacia otras fases del sueño.

Si encuentra que duerme demasiado profundamente como para despertar de sus sueños, pruebe a programar un despertador para que le despierte a una hora en la que sea probable que esté soñando. Dado que los períodos REM tienen lugar aproximadamente en intervalos de noventa minutos, serán buenas horas los múltiplos de noventa minutos desde que se fue a la cama.

Otro importante prerrequisito para el recuerdo de los sueños es la motivación. Para mucha gente es suficiente tratar de recordar sus sueños y recordarse su intención justo antes de irse a la cama. Adicionalmente puede serle de ayuda decirse a sí mismo que tendrá sueños interesantes, llenos de significado. Tener un diario de sueños cerca de la cama y anotar sus sueños tan pronto como despierte, ayudará a reforzar su resolución. Según anote más sueños, recordará aún más. A continuación se dan sugerencias para llevar un diario de sueños.

Debe adquirir el hábito de hacerse esta pregunta en el momento en que despierte: "¿Qué estaba soñando?" Haga esto lo primero u olvidará parte o todo el sueño, debido a la interferencia de otros pensamientos. No se mueva de la posición en la que se ha despertado, pues cualquier movimiento del cuerpo puede hacer que su sueño sea más difícil de recordar. Tampoco piense en las preocupaciones del día, porque esto también puede borrar su recuerdo del sueño. Si no recuerda nada, siga intentándolo durante unos minutos, sin moverse ni pensar en nada más. Normalmente, partes y fragmentos del sueño vendrán a usted. Si sigue sin poder recordar, debe preguntarse: "¿Qué estaba pensando?" y "¿Cómo me estaba sintiendo?" Examinar sus pensamientos y sentimientos a menudo puede proporcionar las pistas necesarias para permitirle recuperar el sueño completo.

Agárrese a cualquier pista de lo que pueda haber estado experimentando, y trate de reconstruir una historia a partir de ellas. Cuando recuerde una escena, pregúntese qué pasó antes de eso, y antes de eso otro, reviviendo el sueño a la inversa. No lleva mucho tiempo adquirir la suficiente habilidad como para desencadenar una detallada reposición de un sueño completo simplemente concentrando su atención en un fragmento de memoria. Si no puede recordar nada, trate de imaginar un sueño que podría haber tenido. Tome nota de sus sentimientos actuales, haga mentalmente una lista de sus actuales inquietudes y pregúntese: "¿He soñado con esto?" Si después de unos cuantos minutos todo lo que recuerda es un estado de ánimo, descríbalo en su diario. Incluso si no recuerda nada en la cama, los eventos o las escenas del día pueden recordarle algo que soñó la noche anterior. Esté preparado para darse cuenta cuando suceda y para escribir lo que recuerde.

En el desarrollo de la memoria onírica, como con cualquier otra habilidad, el progreso es lento a veces. No se desanime si no tiene éxito al principio. Prácticamente todo el mundo mejora con la práctica. Tan pronto como recuerde al menos un sueño por noche, estará preparado para probar con el sueño lúcido. Probablemente no le llevará mucho tiempo alcanzar este punto de preparación. Y un porcentaje significativo de la gente que llega tan lejos ya estará experimentando sueños lúcidos.

Para ello, como decimos, hágase con un cuaderno o diario para anotar sus sueños. El cuaderno debe resultarle atractivo y estar dedicado exclusivamente para el propósito de anotar los sueños. Colóquelo cerca de la cama para recordarse la intención de anotar los sueños. Anote los sueños inmediatamente después de despertar de ellos. Puede escribir el sueño completo al despertar de él o puede tomar breves notas que expandirá después.

No espere hasta levantarse en la mañana para tomar notas de sus sueños. Si lo hace, incluso si los detalles del sueño parecían excepcionalmente claros cuando despertó en la noche, por la mañana puede encontrarse con que no recuerda nada. Parece como si trajésemos de fábrica borradores de sueños en nuestras mentes que hacen que las experiencias oníricas sean más difíciles de recordar que las de vigilia. Así que asegúrese de anotar al menos algunas palabras clave sobre el sueño nada más despertar de él.

Su diario de sueños es una herramienta, y usted es la única persona que va a leerlo. Describa el aspecto, los sonidos y los olores de las imágenes y los personajes, y no olvide describir la forma en que se sentía en el sueño, pues las reacciones emocionales son pistas importantes en el mundo de los sueños. Anote cualquier cosa inusual, la clase de cosas que nunca pasarían en la vida de vigilia: cerdos voladores, o la habilidad de respirar bajo el agua, o símbolos enigmáticos. También puede dibujar imágenes particulares en su diario. El dibujo, como la escritura, no tiene que ser artístico. Es sólo una forma en que puede hacer una conexión intuitiva y memorable con una imagen, que podría ayudarle a alcanzar lucidez en futuros sueños.

Ponga la fecha al principio de la página. Anote su sueño bajo la fecha y prosiga durante tantas páginas como sea necesario. Deje una página en blanco detrás de cada descripción de un sueño para ejercicios que hará después.

Si recuerda sólo un fragmento de un sueño, anótelo, no importa lo poco importante que pueda parecer en el momento. Y si recuerda un sueño completo, ponga a su anotación en el diario un título corto, atractivo, que capture el tema o el estado de ánimo del sueño.

Cuando empiece a acumular materia prima en su diario de sueños, puede repasar sus sueños y hacerse preguntas sobre ellos.

Hay muchas metodologías diferentes para interpretar los sueños. El sueño lúcido es un estado de consciencia, no una teoría, y como tal puede ser aplicado igualmente a diferentes tipos de trabajo con los sueños. No importa qué clase de análisis pueda usted llevar a cabo con el contenido de sus diarios de sueños; encontrará que la habilidad de tener sueños lúcidos puede incrementar su comprensión de la manera en que su mente crea los símbolos. Esto a su vez puede favorecer sus esfuerzos encaminados hacia la integración de las diferentes partes de su personalidad. Además, leer su diario le ayudará a familiarizarse con los aspectos oníricos de sus sueños para que pueda reconocerlos mientras están sucediendo, y así volverse lúcido.

Sería interesante que nosotros mismos "colocáramos" señales oníricas, a modo de luces de neón, mostrando un mensaje en la oscuridad: "¡Esto es un sueño! ¡Esto es un sueño!". Así, de esta forma, rizando el rizo, damos información en nuestros propios sueños sobre la naturaleza onírica de los mismos. Entonces podrá aprender a reconocer sus señales oníricas más frecuentes o características (las formas específicas en las que su mundo de los sueños tiende a ser diferente de su mundo de vigilia).

Cuando las personas se dan cuenta de que están soñando, normalmente es porque reflexionan sobre sucesos inusuales o extravagantes en sus sueños. Adiestrándose para reconocer las señales oníricas usted podrá mejorar su habilidad de usar este método natural para volverse lúcido.

La gente no se vuelve lúcida más a menudo en presencia de las señales oníricas debido a una tendencia normal a racionalizar y confabular, puesto que fabrican historias para explicar lo que está sucediendo, o piensan: "Debe de haber una explicación". De hecho, debe de haberla, pero muy rara vez este soñador medio despierto se da cuenta de cuál es en realidad. Si, por otra parte, las señales oníricas suceden en los sueños de alguien que ha aprendido a reconocerlas, el resultado es un sueño lúcido.

Podemos describir el inventario de señales oníricas que contiene tipos de señales organizadas de acuerdo con la forma en que las personas parecen clasificar de forma natural sus experiencias en sueños. Hay cuatro categorías primarias: La primera, consciencia interior, se refiere a lo que los soñadores (egos) perciben que está pasando en su interior, como pensamientos y sentimientos. Las otras tres categorías (acción, forma y contexto) clasifican los elementos del entorno del sueño. La categoría de acción incluye las actividades y movimientos de todo lo que aparece en el mundo de los sueños (el ego onírico, otros personajes y objetos). La forma se refiere a la forma de las cosas, las personas y los lugares que, en los sueños, a menudo son extraños y frecuentemente se transforman. La última categoría es el contexto. A veces, en los sueños, la combinación de elementos (personas, lugares, acciones o cosas) es extraña, y sin embargo no hay nada raro en cada elemento por sí mismo. Tales situaciones extrañas son señales oníricas contextuales.

También se incluyen en la categoría de contexto los eventos tales como encontrarse en un lugar en el que sería improbable estar, reunirse con otros personajes en lugares inusuales, encontrar objetos fuera de lugar o representar un papel desacostumbrado.

Cada categoría se divide en subdivisiones y están ilustradas con ejemplos de sueños reales.

INVENTARIO DE SEÑALES ONÍRICAS

La Consciencia Interior

Tiene un pensamiento peculiar, una fuerte emoción, siente una sensación extraña o tiene percepciones alteradas. Los pensamientos pueden ser inusuales, de modo que sólo podrían ocurrir en un sueño, o bien que afectaran "mágicamente" al mundo de los sueños. La emoción puede ser inapropiada o extrañamente abrumadora. Las sensaciones pueden incluir la de parálisis o la de abandonar el cuerpo, así como extrañas sensaciones físicas y excitación sexual inesperadamente súbita o intensa. Las percepciones pueden ser muy claras o borrosas, o bien puede ver u oír algo que en la vida de vigilia no sería capaz.

Acción

El soñador, otro personaje del sueño o una cosa del sueño (incluyendo objetos inanimados y animales) hacen algo inusual o imposible en la vida de vigilia. La acción debe ocurrir en el entorno del sueño, es decir, no ser un pensamiento o sentimiento en la mente del soñador. Por ejemplo, aparatos que funcionan mal son ejemplos de señales oníricas de acción.

Forma

Su forma, la de un personaje, o la de un objeto del sueño que está extrañamente formada, deformada o transformada. Las ropas y el pelo inusuales se cuentan entre las anomalías de forma. También el lugar en el que se encuentra (el escenario) en el sueño puede ser diferente de cómo es en la vida de vigilia.

Contexto

El lugar o la situación en el sueño son extraños. Puede que esté en algún lugar en el que no es probable que estuviese en la vida de vigilia, o envuelto en una situación extraña. También usted u otro personaje del sueño podrían estar representando un papel desacostumbrado. Los objetos o los personajes pueden estar fuera de lugar, o el sueño puede ocurrir en el pasado o en el futuro.

Para ello, lo mejor es llevar a cabo el siguiente Ejercicio: catalogue sus sueños

1. Lleve un diario de sueños.

Lleve un diario en el que registre todos sus sueños. Cuando haya recopilado al menos una docena, proceda con el siguiente paso.

2. Catalogue sus señales oníricas.

Mientras continúe recopilando sueños, marque las señales oníricas de los que registre. Subráyelas y colóquelas en una lista después de cada descripción de los sueños.

3. Clasifique cada señal usando el inventario de señales oníricas.

Al lado de cada señal onírica de su lista, escriba el nombre de cada categoría del inventario. Por ejemplo, si soñó con una persona con cabeza de gato, esta sería una señal onírica de forma.

4. Escoja un objetivo entre las categorías de las señales oníricas.

Cuente cuántas veces ocurre cada categoría de las señales oníricas (consciencia interior, acción, forma o contexto) y clasifíquelas por orden de frecuencia. Aquélla que ocurra más a menudo será su señal onírica objetivo en el siguiente paso. Si hay una relación entre categorías, escoja la que le resulte más atractiva.

5. Practique buscando señales oníricas en vigilia.

Adquiera el hábito de examinar su vida diaria buscando elementos que encajen en su categoría de señales oníricas. Por ejemplo, si su categoría objetivo es acción, estudie cómo usted, otras personas, animales, objetos y máquinas actúan y se mueven. Familiarícese por completo con la forma en que son normalmente las cosas en vigilia. Esto le prepara para darse cuenta de cuándo algo raro pasa en un sueño.

Los sueños lúcidos son una especie de destreza mental, y usted puede utilizar, para mejorar sus habilidades en el sueño lúcido, la ayuda de técnicas psicológicas desarrolladas para la mejora del rendimiento. Los psicólogos del deporte han llevado a cabo un considerable cúmulo de investigaciones en la mejora del rendimiento. Una de las herramientas más poderosas que destacan en sus trabajos es la teoría y la práctica del establecimiento de metas.

Puesto que está claro que el establecimiento de metas funciona. Por ello, los investigadores que revisaron más de cien estudios concluyeron que el efecto beneficioso del establecimiento de metas en el rendimiento de una tarea es uno de los hallazgos más robustos y repetibles en la literatura psicológica. Además, la investigación ha revelado muchos detalles acerca de la forma correcta de establecer metas.

Y, es más, podríamos llevar a cabo un Ejercicio con el fin de establecer metas para el éxito

1. Establezca metas explícitas, específicas y numéricas.

Las metas son personales y se refieren a su potencial y a sus habilidades demostradas. Dependiendo de su nivel de logros, usted podría querer recordar un sueño o dos cada noche, o tener al menos un sueño lúcido en la próxima semana o el próximo mes.

2. Establezca metas difíciles, pero realistas.

Para muchas personas tener un sueño lúcido es una meta difícil, pero realista. Para onironautas más avanzados, una meta más apropiada podría ser aprender a volar o a encarar personajes que atemorizan. Su rendimiento se incrementará en proporción con lo ambicioso de sus metas, siempre que las mantenga dentro del rango de su habilidad.

3. Establezca metas a corto y largo plazo.

Establezca metas a corto plazo, tales como recordar un cierto número de sueños o ejecutar un cierto número de pruebas al día. Del mismo modo, planee metas a más largo plazo, tales como tener al menos un sueño lúcido al mes. Establezca fechas en las que querría haber alcanzado un cierto nivel de habilidad, por ejemplo, "Quiero tener cuatro sueños lúcidos antes del 1 de julio".

4. Registre y evalúe su progreso.

Cuando alcance una meta que se haya propuesto, tal como tener doce sueños lúcidos en un mes, registre este logro. Cuando alcance una meta, establezca otra. O, si se frustra porque está lejos de alcanzar sus metas, plantéese objetivos menos inalcanzables y más realistas. Lleve notas y estadísticas en su diario de sueños. Para ello, un gráfico podría proporcionar un registro más visible de su progreso.

¿Cómo planificar sus resultados para obtener los mejores resultados?

Muchos soñadores lúcidos han informado de que experimentan un mayor número de sueños lúcidos después del amanecer, en las últimas horas del sueño por la mañana. Una explicación parcial para esto es que hay más sueño REM en la segunda mitad de la noche que en la primera. Adicionalmente, un análisis del tiempo de ocurrencia de sueños lúcidos en el laboratorio mostró que la probabilidad relativa de tener sueños lúcidos se incrementa continuamente con cada período REM sucesivo.

Para ilustrar lo que esto significa, digamos que usted duerme normalmente durante ocho horas. En el transcurso de la noche probablemente tendrá seis períodos REM, de los cuales la mitad ocurrirá en la última cuarta parte de la noche. Y, es más, la probabilidad de que usted tenga un sueño lúcido durante esas dos últimas horas de sueño es más del doble de la probabilidad de que lo tenga en las seis horas previas. Esto significa también que si suprime dos horas de sueño, reducirá a la mitad las oportunidades de tener sueños lúcidos. Del mismo modo, si normalmente emplea seis horas en dormir, podría duplicar sus oportunidades de tener sueños lúcidos incrementando su sueño en dos horas.

La conclusión es obvia: si quiere aumentar la frecuencia de sueños lúcidos, aumente su tiempo de sueño. Si se interesa seriamente en los sueños lúcidos y puede encontrar el tiempo extra, debería establecer al menos una mañana a la semana en la que pueda quedarse en la cama varias horas más de lo normal.

Incluso aunque la mayoría de las personas disfrutan durmiendo hasta tarde, no todos tenemos tiempo para hacerlo. Si encuentra que no puede permitirse pasar más tiempo en la cama, hay un sencillo secreto para incrementar su frecuencia de sueños lúcidos que no requiere más tiempo del número de horas que normalmente emplea en dormir… El secreto es reorganizar el tiempo que dedica a dormir. Si normalmente duerme desde la medianoche hasta las 6:00 a.m., entonces levántese a las 4:00 a.m. y quédese despierto durante dos horas, haciendo lo que sea que necesite hacer. Vuelva a la cama y complete su restante sueño desde las 6:00 hasta las 8:00 a.m. Durante las dos horas de sueño aplazado tendrá mucho más sueño REM del que habría tenido si hubiese dormido hasta la hora de costumbre (de 4:00 a 6:00), y disfrutará de una probabilidad incrementada de tener sueños lúcidos sin haber perdido horas de sueño.

Algunos entusiastas del sueño lúcido hacen del sueño reorganizado una parte regular de su ritual para la inducción de sueños lúcidos. Por ejemplo, hay quien asegura que cuando quiere inducir sueños lúcidos se acuesta a la 1:30 a.m. y duerme un poco menos de seis horas, desde más o menos las 2:00 hasta las 7:45, cuando la alarma le despierta. Entonces se levanta y desayuna tranquilamente, y se queda despierto durante dos o tres horas. A las 9:00 ó 9:30 escribe con detalle sus planes e intenciones con respecto a los experimentos específicos o actividades que quiere llevar a cabo en sus sueños lúcidos y después se acuesta de nuevo, para dormirse normalmente a las 10:00 o 10:30. Entonces duerme durante varias horas, durante las cuales tiene sueños lúcidos con frecuencia, a veces largas series de ellos de una duración de hasta una hora.

Redistribuir el sueño puede ser una forma muy poderosa de facilitar el sueño lúcido. Pruébelo. Por un pequeño esfuerzo será más que ampliamente re- compensado. Para ello vamos a programar el planning anterior, paso a paso.

Ejercicio: teniendo en cuenta el caso anterior, planificamos el tiempo para el sueño lúcido

1. Programe su despertador.

Antes de irse a la cama, ponga su despertador para que le despierte dos o tres horas antes de lo habitual y duérmase a la hora de siempre.

2. Levántese puntualmente por la mañana.

Cuando suene la alarma, salga de la cama inmediatamente. Va a estar despierto durante dos o tres horas. Atienda sus asuntos hasta más o menos media hora antes de volver a la cama.

3. Concéntrese en su intención de tener sueños lúcidos.

Durante la media hora antes de volver a dormir piense sobre lo que quiere conseguir en su sueño lúcido: adónde quiere ir, a quién quiere ver o qué quiere hacer. Puede utilizar este tiempo para incubar un sueño sobre un tema en particular.

4. Vuelva a la cama y practique una técnica de inducción.

Ya que han pasado dos o tres horas desde que despertó, asegúrese de que su lugar de sueño estará en silencio y sin perturbaciones durante el siguiente par de horas. Acuéstese y practique la técnica de inducción que mejor le funcione.

5. Concédase al menos dos horas de sueño.

Ponga la alarma o haga que alguien le despierte si lo prefiere, pero asegúrese de concederse dos horas para soñar. Es probable que tenga al menos un período REM durante este tiempo, o tal vez dos.

Las primeras horas de la mañana son ideales para el sueño lúcido por otra razón más. A pesar de que nos lleva entre una hora, y hora y media llegar al sueño REM al principio de la noche, después de varias horas de sueño a menudo podemos entrar en REM en tan sólo unos minutos después de haber despertado.

A veces podemos despertar de un sueño y entrar de nuevo en él momentos después. Esto hace posible otro tipo de sueño lúcido: el sueño lúcido iniciado desde la vigilia.

Preparación final: aprender a relajarse profundamente

Antes de que esté listo para practicar las técnicas para inducir sueños lúcidos, necesita ser capaz de ponerse en un estado de relajación atenta, con mente alerta y cuerpo profundamente relajado.

El sueño lúcido requiere concentración, que es casi imposible de alcanzar con una mente distraída y un cuerpo tenso. Para ello es indispensable dominar las siguientes técnicas esenciales:

Ejercicio: relajación progresiva

1. Acuéstese en una superficie firme.

Si no puede acostarse, siéntese en una silla cómoda. Cierre los ojos.

2. Ponga la atención en su respiración.

Preste atención a su respiración y deje que se haga más profunda. Haga un par de respiraciones completas bajando ligeramente su diafragma mientras inhala, empujando el abdomen y llenando de aire los pulmones desde abajo hasta arriba. Permítase suspirar profundamente al exhalar, permitiendo que las tensiones fluyan cuando lo haga.

3. Tense y relaje progresivamente cada grupo de músculos.

Tense y después relaje todos los grupos musculares de su cuerpo, uno cada vez. Comience por su brazo dominante. Doble su mano hacia atrás por la muñeca, como si intentase poner el dorso de la mano en su antebrazo. Manténgala firmemente entre cinco y diez segundos. Preste atención a la tensión. Suelte la tensión y reléjese. Tome nota de la diferencia. Tense y relaje de nuevo. Haga una pausa de entre veinte y treinta segundos según respira profunda y abdominalmente, y después exhale despacio. Repita el procedimiento con la otra mano. Después repita la secuencia tensión-relajación-tensión-relajación con sus antebrazos, brazos, frente, mandíbula, cuello, hombros, abdomen, espalda, glúteos, piernas y pies. Haga una pausa entre cada grupo muscular principal, haga una inspiración profunda y suelte más tensión con un suspiro.

4. Afloje toda tensión.

Después de haber trabajado con todos los grupos musculares, deje que se relajen. Dondequiera que sienta tensión, realice una secuencia tensión-relajación adicional. Cultive la imagen de la tensión como fluyendo fuera de su cuerpo como un fluido invisible. Cada vez que tense y relaje recuérdese a sí mismo que la relajación es mayor que la tensión que la precede.

CÓMO DESPERTAR EN EL MUNDO DE LOS SUEÑOS

El sueño lúcido es más fácil de lo que piensa. Antes de empezar con ejercicios, debería recordar al menos un sueño por noche. También debería haber registrado una docena de sueños o más en su diario, y haber extraído a partir de ellos un cierto número de señales oníricas personales. Ahora está preparado para aprender las técnicas diseñadas para ayudarle a tener su primer sueño lúcido, si aún no ha tenido ninguno. Con algo de esfuerzo, estas técnicas pueden ayudarle a tener sueños lúcidos a voluntad.

Antes de seguir, me gustaría ofrecerle un consejo que puede evitarle algo de frustración. A veces la gente desarrolla bloqueos mentales que les impiden inducir sueños lúcidos a voluntad. Típicamente, piensan que el sueño lúcido es un estado muy difícil de lograr. El creer esto hace que lo sea. Sin embargo, es fácil tener sueños lúcidos a voluntad, por lo que se puede conseguir, sobre todo una vez que se sabe cómo hacerlo. De esta forma, casi cualquiera que practique con diligencia estas técnicas, triunfa. Nadie puede decir cuánto tiempo le llevará aprender a tener sueños lúcidos; eso depende de su memoria onírica, motivación, cuánto practique y un factor que podemos llamar "talento para el sueño lúcido". Además, tenemos la gran ventaja de ser capaces de trabajar con técnicas que han sido probadas y refinadas por otros soñadores lúcidos.

No obstante, también hay que tener en cuenta las diferencias individuales en cuanto a la fisiología, la personalidad y el estilo de vida propio de cada uno.

Por otra parte, también es muy importante ejercitar la "Fuerza de Voluntad", para así aprender cómo lograr cosas mediante el esfuerzo mental.

Al final, todo esto es algo así como construir un puente entre dos mundos. Por ello, es importante hacer una pausa para hacerse la siguiente pregunta: "¿Estoy soñando o estoy despierto ahora mismo?

Y a continuación, hágase esta otra pregunta: "¿Cómo dé a menudo me pregunto a mí mismo si estoy soñando o estoy despierto, en el transcurso de un día promedio?" A no ser que usted sea un gran filósofo o esté practicando ya las técnicas de inducción de sueños lúcidos, probablemente la respuesta sea "nunca". Entonces, si nunca se hace esta pregunta cuando está despierto, ¿cómo dé a menudo supone que se la hará mientras sueña? De nuevo, debido a que las cosas que habitualmente hace y sobre las que piensa en sueños son las mismas que habitualmente hace y sobre las que piensa mientras está despierto, probablemente la respuesta será "nunca".

Las implicaciones de esto deberían estar claras. Usted puede usar la relación entre los hábitos en vigilia y en sueños para ayudarle a inducir sueños lúcidos. Una forma de volverse lúcido es preguntándose a sí mismo si uno está soñando o no, cuando está soñando. Para hacer esto debería adquirir el hábito de hacerse la pregunta cuando está despierto.

Para ello, una parte de su mente tiene la tarea de "comprobar la realidad", es decir, determinar si los estímulos son de origen interno o externo. A este sistema crítico reflexivo hay quien le llama "la facultad crítica", considerada como normalmente "dormida" en los sueños ordinarios. Facultad por otra parte fundamental para conseguir la lucidez.

El desafío, entonces, reside en cómo activar la facultad crítica antes de acostarnos para que permanezca suficientemente preparada con el objeto de que funcione de forma correcta cuando se necesite explicar algún evento extraño en un sueño.

Paul Tholey ha desarrollado recientemente algunas técnicas para inducir sueños lúcidos, a partir de una década de investigación con más de doscientos sujetos. Tholey afirma que un método efectivo para adquirir lucidez (especialmente para los principiantes) es desarrollar una "actitud reflexiva crítica" para con el estado de consciencia de uno. Esto se hace preguntándose a sí mismo si se está soñando o no, cuando uno está despierto. Él enfatiza la importancia de hacerse la "pregunta crítica" ("¿Estoy soñando o no?") tan a menudo como sea posible, al menos entre cinco y diez veces al día, y en cada situación que se asemeje a un sueño. La importancia de hacerse la pregunta en situaciones semejantes a un sueño reside en que en los sueños lúcidos la pregunta crítica se hace normalmente en situaciones similares a aquellas en las que se hizo durante el día. También es favorable hacerse la pregunta a la hora de acostarse y cuando uno está durmiendo.

Veamos en qué consiste esta **Técnica de Comprobación Crítica** del estado en que se encuentra:

1. Planee cuándo comprobar su estado

Escoja entre cinco y diez ocasiones diferentes durante el día en las que comprobar su estado. Pueden ser circunstancias similares a sus sueños en algún aspecto. Cada vez que entre en contacto con algo que se asemeje a una señal onírica, compruebe su estado. Hágalo en cualquier momento en que suceda algo sorprendente o improbable, o cada vez que experimente emociones muy poderosas o cualquier cosa que se asemeje a un sueño. Por otra parte, hay que decir que tienen su lado bueno los sueños recurrentes porque nos ayudan a poner al día nuestro estado emocional, por ejemplo, si tiene sueños recurrentes de ansiedad en relación con su miedo a las alturas, debería hacer una comprobación de su estado cuando cruce un puente o visite una habitación con vistas en un edificio muy alto.

2. Compruebe su estado.

Hágase la pregunta crítica tan a menudo como sea posible "¿Estoy soñando o estoy despierto?" No se lo pregunte de una forma automática y se responda irreflexivamente: "Es obvio que estoy despierto", o hará lo mismo cuando en realidad esté soñando. Busque alrededor rarezas o inconsistencias que podrían indicarle que está soñando. Piense en los eventos de los últimos minutos. ¿Tiene problemas para recordar lo que acaba de pasar? Si los tiene, podría estar soñando.

Como la mayoría de las personas saben por su experiencia de primera mano, los soñadores no siempre razonan con claridad. Mientras se preguntan si están soñando o no, a veces deciden erróneamente que están despiertos. Esto puede sucederle a cualquiera si trata de probar la realidad de la forma equivocada. Por ejemplo, podría concluir en un sueño que no puede estar soñando porque todo parece demasiado sólido y muy real. O podría pellizcarse, de acuerdo con la comprobación clásica. Esto rara vez le despierta de un sueño, ¡pero en su lugar produce la convincente sensación de un pellizco!

Cuando los soñadores comparten con otros personajes del sueño la revelación o la sospecha de que están soñando, con frecuencia encuentran protestas y argumentos en contra.

Para ello, una comprobación que podría hacer para verificar su estado podría ser encontrar cualquier texto escrito y leerlo para ver si después se mantiene igual. Pues a veces el texto muta de alguna forma, y vemos cómo las palabras pueden dejar de tener sentido o las letras pueden convertirse en jeroglíficos.

Una comprobación del estado igualmente efectiva, si suele usted llevar un reloj digital, es mirar la esfera dos veces; en un sueño nunca se comportará correctamente (es decir, los números no cambiarán de la manera esperada) y normalmente no mostrará algo que tenga sentido en absoluto (tal vez marque el Tiempo Onírico Estándar...). Por cierto, esta comprobación sólo funciona con relojes digitales, y no con los analógicos del viejo estilo, que a veces pueden medir el tiempo onírico de forma bastante creíble.

También es verdad que debemos tener cuidado con esta comprobación; pues usted bien podría elaborar alguna absurda racionalización para explicar por qué no puede ver la hora correcta, como por ejemplo: "puede ser que la pila se esté agotando" o "la luz es demasiado débil para ver la hora".

En general, si quiere distinguir los sueños de la vigilia, necesita recordar que a pesar de que los sueños pueden parecer tan reales como la vida de vigilia, son mucho más inestables. En muchas ocasiones, todo lo que tiene que hacer es echar un vistazo crítico alrededor y, en un sueño, notará transformaciones inusuales.

Comprobar el estado es una manera de averiguar la verdad de su situación cuando sospeche que pudiera estar soñando. Como tal, usted normalmente lo empleará como el paso final para volverse lúcido. Con práctica, se encontrará pasando menos tiempo comprobando señales oníricas y, en su lugar, pasará con más frecuencia de sospechar que está soñando a saber que está soñando. Puede ser que descubra que cada vez que sienta la genuina necesidad de comprobar la realidad, esto en sí mismo es prueba suficiente de que está soñando, dado que cuando estamos despiertos casi nunca nos preguntamos seriamente si estamos realmente despiertos.

La idea de cultivar en vigilia un estado mental con el propósito de trasladarlo al estado de sueño como un modo de inducir sueños lúcidos ha sido usada por los budistas tibetanos durante más de mil años. El origen de estas técnicas está envuelto en las brumas del tiempo. Se dice que derivan de las enseñanzas de un maestro llamado La-wapa, de Afganistán, y que fueron introducidas en el Tíbet en el siglo VIII por Padmasambhava, el fundador del budismo tibetano.

Las enseñanzas tibetanas pasaron de generación en generación hasta el tiempo presente, cuando ya contamos con el Yoga del Estado de Sueño, un manuscrito compilado por primera vez en el siglo XVI y traducido en 1935, que explica diversos métodos para "comprender la naturaleza del estado de sueño" (es decir, inducir sueños lúcidos). La mayoría de las técnicas tibetanas se hicieron a la medida de las habilidades de experimentados meditadores. Conllevan cosas tales como complejas visualizaciones de letras sánscritas en lotos de muchos pétalos mientras se mantiene un tipo especial de respiración y se llevan a cabo ejercicios de concentración. En el futuro, cuando miles de personas alcancen la pericia en las destrezas que se tratan en dicho libro, tal vez estaremos lo suficientemente avanzados como para aprender más de nuestros predecesores tibetanos. Veamos ahora lo mejor de estas técnicas tibetanas:

Técnica del poder de la resolución

Para soñadores lúcidos principiantes, la técnica tibetana más relevante se llama "comprensión por el poder de la resolución", que consiste en "decidirse a mantener una continuidad ininterrumpida de consciencia" a lo largo de los estados de vigilia y sueño. Pero conlleva mucha práctica diurna y nocturna.

1. Práctica diurna.

Durante el día, "en todas las circunstancias", piense continuamente en que "todas las cosas son de la sustancia de los sueños" (es decir, que su experiencia es una construcción de su mente), y "resuelva" que se dará cuenta de su verdadera naturaleza.

2. Práctica nocturna.

Por la noche, cuando esté a punto de irse a dormir, "resuelva firmemente" que comprenderá el estado de sueño (es decir, se dará cuenta de que no es real, sino un sueño).

Tenga en cuenta que debido a que soñamos con cosas que nos han preocupado recientemente, es probable que si pasa suficiente tiempo durante el día pensando que "todo puede formar parte de los sueños", entonces al final contemplará ese pensamiento mientras sueñe.

A pesar de que mucha gente informa de sueños lúcidos espontáneos ocasionales, el sueño lúcido rara vez ocurre sin que tengamos la intención. Por tanto, si queremos tener sueños lúcidos con más frecuencia, debemos empezar por cultivar "la intención" de reconocerlos mientras soñamos. Si en el comienzo sus esfuerzos no tienen éxito, tómese a pecho el ruego tibetano que dice que lleva no menos de veintiún esfuerzos cada mañana "comprender la naturaleza del estado de sueño".

Para practicar la técnica de "la intención", los pasos podrían ser:

1. Decida reconocer el sueño

En las primeras horas de la mañana, o durante un despertar en la última parte de su período de sueño, afirme clara y confiadamente su intención de recordar reconocer el estado de sueño.

2. Visualícese reconociendo el sueño

Imagine de la forma más real posible que se encuentra en situaciones oníricas que tendrían el efecto de que usted se diese cuenta de que está soñando. Incorpore en sus visualizaciones varias de sus señales oníricas favoritas o que aparezcan con más frecuencia.

3. Imagínese llevando a cabo una actividad onírica inten-cional.

Además de practicar mentalmente el reconocimiento de señales oníricas, decida llevar a cabo en el sueño alguna actividad particu-lar, previamente escogida por usted. Una buena elección sería una actividad que sea en sí misma una señal onírica. Por ejemplo, véase volando en su sueño y reconociendo que está soñando. Mientras esté haciéndolo asegúrese de decidir firmemente que reconocerá que está soñando la próxima vez que sueñe.

Hay que tener en cuenta que la razón para establecer "la in-tención" de realizar una actividad particular en el sueño, es que los soñadores a veces recuerdan llevar a cabo dicha actividad sin haberse hecho lúcidos antes. Después, tras reflexionar, recuerdan: "Esto es lo que quería hacer en mi sueño. Por lo tanto, ¡debo de estar soñando! Así, la actividad intencional debería ser una señal onírica debido a que es más probable que adquiera lucidez si se encuentra llevando a cabo su actividad onírica.

Tholey ha afirmado que la comprobación crítica del estado constituye la técnica más efectiva para la inducción de sueños lúcidos de entre todas las que ha tratado. Su técnica "combinada" se basa en la comprobación crítica del estado, e incluye elementos de sus técnicas de intención y de autosugestión. No aclara si la técnica combinada es superior o no a la de reflexión, pero creemos que es probablemente más efectiva.

Dicha técnica de "reflexión-intención" consistiría en:

1. Planee cuándo tiene la intención de comprobar su estado.

Elija de antemano ciertas ocasiones en las que pretende acor-darse de comprobar su estado. Por ejemplo, podría decidir pre-guntarse "¿Estoy soñando?" cuando llegue a casa desde el trabajo, al comienzo de cada conversación que tenga, o a cada hora justa.

Escoja una frecuencia de comprobación del estado que le resulte cómoda. Use la imaginación para ayudarle a recordar hacerse la pregunta. Por ejemplo, si pretende hacérsela cuando llegue a casa, véase a sí mismo abriendo la puerta y recordando su intención.

Practique el ejercicio una docena de veces, o más, durante el día en los momentos elegidos y también cada vez que se encuentre en una situación que se parezca de algún modo a un sueño, por ejemplo, cada vez que suceda algo sorprendente o extraño, o experimente emociones fuertes, o encuentre que, de forma extraña, su mente (y en especial su memoria) no responde bien.

2. Compruebe su estado

Pregúntese: "¿Estoy soñando o estoy despierto?" Mire alrededor en busca de rarezas o inconsistencias que pudieran indicar que está soñando. Piense en los eventos de los últimos minutos. ¿Tiene problemas al recordar lo que acaba de pasar? Si es así, puede que esté soñando. Lea algún texto dos veces. No concluya que está despierto a menos que tenga sólidas pruebas (por ejemplo, la escritura dice lo mismo cada vez que la mira).

3. Imagine que sueña

Después de haber quedado satisfecho con la respuesta de que está despierto, dígase: "De acuerdo, no estoy soñando ahora. Pero, si lo estuviese, ¿cómo sería?" Imagine que está soñando de forma tan real como sea posible. Imagine intencionalmente que lo que está percibiendo (oyendo, sintiendo, oliendo o viendo) es un sueño: la gente, los árboles, la luz del sol, el cielo y la tierra, y usted mismo (todo es un sueño). Observe cuidadosamente su entorno en busca de señales oníricas de su categoría "objetivo". Imagine cómo sería si estuviese presente una señal onírica de su categoría objetivo. Tan pronto como sea capaz de experimentar la sensación de estar en un sueño, dígase: "La próxima vez que esté soñando, me acordaré de reconocer que estoy soñando".

4. Imagine que hace lo que pretendía hacer en su sueño lúcido

Decida de antemano qué le gustaría hacer en su propio sueño lúcido. Podría desear volar o hablar con los personajes del sueño.

Al principio puede encontrar extraño cuestionar los mismos fundamentos de la realidad que está experimentando, pero indudablemente encontrará que dirigir una mirada crítica a la naturaleza de la realidad unas cuantas veces al día es un gratificante hábito que cultivar.

Una vez que establezca sistemáticamente una actitud crítica en su vida de vigilia, tarde o temprano decidirá hacer una comprobación del estado cuando en realidad esté soñando. Y entonces despertará en su sueño.

La Inducción Mnemónica de Sueños Lúcidos (MILD):

Es importante recalcar, una vez más, el poderoso efecto de la motivación en la frecuencia de los sueños lúcidos. Pero, no menos importante es la autosugestión para inducir los sueños lúcidos, pues simplemente con decirte a ti mismo antes de ir a la cama: "Hoy tendré un sueño lúcido", lo conseguirás.

También a destacar un factor psicológico relacionado con la ocurrencia de los sueños lúcidos: la "intención" antes del sueño de recordar el "reconocer" que estaba soñando. Así, esta clarificación de la intención es seguida por un inmediato incremento en la frecuencia mensual de los sueños lúcidos. De esta forma, la práctica y los refinamientos posteriores llevan a un método fiable por el que se pueden inducir sueños lúcidos. Así, es posible entrar en el mundo del sueño lúcido casi a voluntad para las personas que lo deseen.

Parece complicado, pero sólo hay que cogerle el truco, pues una vez que sabes que estás tratando de acordarte de hacer algo (es decir, volverme lúcido) en un momento posterior (es decir, la próxima vez que estuviese soñando), eres capaz de idear una técnica que te ayude a conseguirlo. ¿Cómo puedo lograr acordarme de hacer algo en un sueño? Tal vez deberíamos comenzar con una pregunta más simple: ¿cómo nos acordamos de hacer cosas en la vida ordinaria?

En la vida diaria recordamos la mayoría de las cosas que tenemos que hacer mediante el uso de algún tipo de ayuda mnemotécnica externa (una lista de la compra, agenda telefónica, cordel atado al dedo, notas puestas en la puerta…). ¿Pero cómo recordamos las intenciones para el futuro (la llamada "memoria prospectiva") sin depender de recordatorios externos? La motivación desempeña un importante papel, pues es menos probable que usted olvide hacer algo que realmente quiera hacer.

Cuando usted establece la meta de acordarse de hacer algo, hace de su meta una de sus actuales inquietudes y, por tanto, ha activado un sistema cerebral de consecución de la meta, que permanecerá parcialmente activado hasta que la haya logrado. Si la meta es muy importante para usted, el sistema se mantiene altamente activo y usted procura estar atento para ver si es hora de hacer lo que sea, hasta que llega el momento. Nunca se vuelve totalmente inconsciente. Pero el caso más típico es cuando, por ejemplo, decide comprar chinchetas la próxima vez que vaya a la tienda. No es apenas importante como para mantenerlo en el primer plano de su mente, así que usted va a la tienda y olvida su intención. Esto es, a no ser que en la tienda vea una caja de chinchetas, o incluso un martillo que traiga el recuerdo de las chinchetas por asociación.

Esto revela el otro factor principal involucrado en recordar hacer las cosas: la asociación. Cuando encaramos el desafío de recordar hacer algo, podemos incrementar la probabilidad de tener éxito: 1) estando fuertemente motivados para recordar, y, 2) formando asociaciones mentales entre lo que queremos recordar y las circunstancias futuras en las que tenemos la intención de hacerlo. El hecho de visualizarse a sí mismo haciendo lo que intenta recordar refuerza en gran medida estas asociaciones.

Pensando en la inducción de sueños lúcidos como un problema de memoria prospectiva, es posible desarrollar una técnica diseñada para incrementar mis oportunidades de recordar mi intención de ser lúcido: el procedimiento de la Inducción Mnemónica (o Mnemotécnica) de Sueños Lúcidos (MILD: Mnemonic Induction of Lucid Dreams).

Para ello habría que cumplir con una serie de Prerrequisitos de la técnica MILD:

Para inducir con éxito sueños lúcidos con MILD, necesita estar en posesión de ciertas capacidades. Antes de nada, si no puede recordar con fiabilidad llevar a cabo futuras intenciones cuando está despierto, hay pocas posibilidades de que recuerde hacer nada mientras esté dormido. Así pues, antes de abordar la técnica MILD, necesita probarse a sí mismo que, de hecho, puede acordarse de hacer cosas mientras está despierto. Si usted es como la mayoría de las personas, estará acostumbrado a confiar en recordatorios externos y, por tanto, necesitará práctica para recordar intenciones usando sólo su propio poder mental. El siguiente es un ejercicio para ayudarle a adquirir las habilidades necesarias para trabajar con la técnica MILD.

Ejercicio: entrenamiento de la memoria prospectiva

1. Lea los objetivos del día.

Este ejercicio está diseñado para practicarlo a lo largo de una semana completa. Más abajo hay un conjunto de cuatro eventos objetivo para cada día de la semana. Cuando se levante por la mañana, lea sólo los objetivos para ese día (no lea los objetivos antes del día indicado). Y, memorícelos.

2. Busque sus objetivos durante el día.

Su meta es darse cuenta de la próxima vez que ocurra cada evento, momento en el que usted hará una comprobación del estado: "¿Estoy soñando?" De ese modo, si su objetivo es: "La próxima vez que oiga ladrar a un perro"..., cuando lo oiga la próxima vez, dese cuenta y haga una comprobación del estado. Su propósito es darse cuenta del objetivo una vez, la próxima vez que suceda.

3. Lleve la cuenta de cuántos objetivos cumplió.

Al final del día anote en cuántos de sus cuatro objetivos ha tenido éxito en darse cuenta (puede dejar un espacio para esto en su diario de sueños, y así registrar su proceso con el ejercicio). Si se da cuenta durante el día que ha fallado en su primera oportunidad de darse cuenta de uno de sus objetivos, entonces ha fallado en ese objetivo, incluso aunque se dé cuenta de que sucede más tarde en ese mismo día. Si está seguro de que uno o más de los objetivos no sucedieron en absoluto durante el día, indíquelo con una nota en su diario de sueños.

4. Continúe con el ejercicio durante al menos una semana.

Practique el ejercicio hasta que haya probado todos los objetivos diarios que se dan más abajo. Si al final de la semana sigue fallando en la mayoría de los objetivos, continúe hasta que pueda acertar en la mayoría. Confeccione su propia lista de objetivos, lleve la cuenta de su tasa de aciertos y observe cómo su memoria se desarrolla.

Objetivos diarios,

Lunes:

La próxima vez que escriba algo. La próxima vez que sienta dolor. La próxima vez que oiga a alguien decir mi nombre. La próxima vez que beba algo...

Martes:

La próxima vez que vea un semáforo. La próxima vez que oiga música. La próxima vez que tire algo a la basura. La próxima vez que oiga reír…

Miércoles:

La próxima vez que encienda la televisión o la radio. La próxima vez que vea una planta. La próxima vez que vea un coche rojo. La próxima vez que cuente dinero…

Jueves:

La próxima vez que lea otra cosa que no sea esta lista. La próxima vez que mire la hora. La próxima vez que me dé cuenta de que estoy fantaseando. La próxima vez que oiga el teléfono…

Viernes:

La próxima vez que abra una puerta. La próxima vez que vea un pájaro. La próxima vez que use el lavabo después del mediodía. La próxima vez que vea las estrellas…

Sábado:

La próxima vez que introduzca una llave en una cerradura. La próxima vez que vea un anuncio. La próxima vez que coma algo después del desayuno. La próxima vez que vea una bicicleta…

Domingo:

La próxima vez que vea una mascota o animal. La próxima vez que me vea la cara en un espejo. La próxima vez que encienda una luz, o la próxima vez que vea una flor…

La técnica MILD:

1. Afirme la intención de recordar los sueños.

Antes de acordarse "resuelva" a despertarse y a recordar los sueños durante cada período del sueño a lo largo de la noche (o el primer período de sueño antes del amanecer, o después de las 6 a.m., o en cualquier momento que lo estime conveniente).

2.   Recuerde su sueño.

Cuando se despierte de un período de sueño, sin que importe la hora que sea, trate de recordar tantos detalles del sueño como sea posible. Si se encuentra tan somnoliento como para quedarse dormido, haga algo para despejarse.

3.   Enfoque su intención.

Cuando vuelva a dormir, concéntrese intensamente en su "intención" de acordarse de reconocer cuándo está soñando. Dígase: "La próxima vez que esté soñando, quiero recordar el darme cuenta de que estoy soñando". Trate realmente de sentir lo que quiere decir. Centre sus pensamientos en esta sola idea. Si se encuentra con que está pensando en otra cosa, simplemente deje que estos pensamientos se vayan y traiga su mente de vuelta a su intención de recordar.

4.   Véase volviéndose lúcido.

Al mismo tiempo, imagine que está de vuelta en el sueño del que se acaba de despertar, pero esta vez usted reconoce que es un sueño. Encuentre una señal onírica en la experiencia; cuando la vea dígase: "¡Estoy soñando!", y continúe su fantasía. Por ejemplo, puede decidir que cuando esté lúcido quiere volar. En ese caso imagine que despega y vuela tan pronto como llega al punto de su fantasía en el que se "da cuenta" de que está soñando.

5.   Repita.

Repita los pasos 3 y 4 hasta que su intención esté establecida, y entonces permítase quedarse dormido. Si mientras se queda dormido se encuentra pensando en otra cosa, repita el procedimiento de tal forma que su última cosa en mente antes de quedarse dormido sea su intención de acordarse de reconocer la próxima vez que esté soñando.

Si todo va bien, se dormirá y se encontrará en un sueño; en ese punto recordará el darse cuenta de que está soñando.

Si le lleva mucho tiempo quedarse dormido mientras practica este método, no se preocupe: cuanto más tiempo esté despierto, más probable será que tenga un sueño lúcido cuando por fin retorne al sueño. Esto se debe a que cuanto más tiempo esté despierto, más veces repetirá el procedimiento MILD, reforzando así su intención de tener un sueño lúcido. Además, el hecho de estar despierto puede activar su cerebro, con lo que la lucidez será más fácil de obtener.

De hecho, si usted duerme muy profundamente, debería levantarse antes de memorizar su sueño y emplear entre diez y quince minutos en cualquier actividad que requiera que esté completamente despierto. Encienda la luz y lea un libro. Salga de la cama y váyase a otra habitación. Una de las mejores cosas que puede hacer es anotar su sueño y repasarlo, tomando nota de todas las señales oníricas, como preparación para la visualización MILD.

Muchas personas tienen éxito después de sólo una o dos noches de MILD; a otras les lleva más tiempo. La práctica de MILD continuada puede llevarle a un alto nivel de competencia con los sueños lúcidos. Muchos de nuestros onironautas avanzados la han usado para cultivar la habilidad de tener varios sueños lúcidos en cualquier noche que escojan.

Autosugestión y técnicas hipnóticas:

Los resultados con la autosugestión siempre han sido muy favorables para inducir sueños lúcidos.

Aparte de esta técnica, también es importante mencionar que la efectividad de las fórmulas sugestivas se puede mejorar empleando técnicas especiales de relajación. Para ello lo mejor es que las autosugestiones comiencen inmediatamente antes de quedarse dormido, mientras se está en un estado relajado, y sobre todo se debe evitar un esfuerzo de voluntad.

Es interesante la distinción entre intención esforzada (es decir, empeñarse demasiado, lo cual puede resultar contraproducente), y sugestión no esforzada. Sin embargo, hay que destacar que después de desarrollar la técnica MILD, descubres que puedes esforzarte y tener éxito siempre. Esto se debe a que la técnica MILD conlleva intención esforzada.

A partir de esto, queda claro que la autosugestión es menos efectiva que algunas de las otras técnicas para inducir sueños lúcidos, tales como MILD. Sin embargo, debido a su naturaleza no esforzada, puede ofrecer modestas ventajas para cualquiera dispuesto a aceptar una tasa relativamente baja de sueños lúcidos a cambio de un método poco demandante y sin esfuerzo. Por otro lado, para las personas que son altamente susceptibles a la hipnosis, las técnicas de sugestión pueden ofrecer una solución efectiva al problema de la inducción de sueños lúcidos.

En qué consiste la técnica de la autosugestión:

1. Relájese completamente.

Tendido en la cama, cierre suavemente los ojos y relaje su cabeza, cuello, espalda, brazos y piernas. Afloje toda tensión muscular y mental, y respire despacio y sosegadamente. Disfrute del sentimiento de relajación y deje pasar todos sus pensamientos, preocupaciones, inquietudes y planes. Si acaba de despertar, probablemente estará suficientemente relajado. De otro modo, puede usar el ejercicio de relajación progresiva.

2. Dígase que tendrá un sueño lúcido.

Estando profundamente relajado, sugiérase a sí mismo que va a tener un sueño lúcido, bien sea más tarde en la misma noche o en cualquier otra noche en el futuro cercano. Evite poner ningún esfuerzo intencional en su sugestión. No insista fuertemente con afirmaciones como "¡Esta noche tendré un sueño lúcido!" Pues podría encontrarse que si no tiene éxito después de una o dos noches de seguir con esa certeza fuera de lugar, pierda rápidamente la fe en sí mismo. En lugar de eso, trate de ponerse en el marco mental de esperar que esa noche, o cualquier otra, tendrá un sueño lúcido. Piense con expectación en el sueño lúcido que está a punto de tener. Espérelo, pero esté dispuesto a dejar que todo suceda en su momento.

La sugestión post-hipnótica:

Si la autosugestión puede incrementar su frecuencia a la hora de tener sueños lúcidos, entonces este efecto puede incrementarse en gran medida mediante sugestiones post-hipnóticas (SPH).

La Psicotecnología: inducción electrónica de sueños lúcidos:

La técnica MILD, por ejemplo, se basa en la habilidad de acordarse de hacer cosas en el futuro: "Cuando esté soñando, recordaré el darme cuenta de que estoy soñando". Aun así, puede ser bastante difícil acordarse de hacer cosas cuando estamos despiertos, por no hablar de cuando estamos dormidos.

Lo ideal sería recordar a los soñadores que estaban soñando mediante una señal del mundo exterior. Y después, todo lo que los individuos tendrían que hacer es recordar lo que significa la señal. Introducir una señal en un sueño no es tan difícil como podría sonar. A pesar de que no somos conscientes del mundo que nos rodea cuando estamos dormidos y soñando, nuestros cerebros continúan monitorizando el entorno mediante nuestros sentidos. No somos por completo vulnerables cuando dormimos; tendemos a despertar cuando percibimos eventos novedosos y, por tanto, potencialmente amenazadores. Debido a este continuo monitoreo inconsciente, hay veces en que algunas porciones de la acción a nuestro alrededor entran en nuestros sueños (se incorporan).

Otras investigaciones han mostrado que la gente que recuerda al menos un sueño por noche informa que tiene por lo menos un sueño lúcido al mes. Por tanto, parece probable que para la gente que reúne el requisito de una excelente memoria onírica, las señales luminosas podrían ser muy útiles para inducir sueños lúcidos.

El futuro de la tecnología para la lucidez:

Hasta ahora hemos tenido éxito en diseñar un aparato que, cuando se usa combinado con la concentración mental, puede aumentar por cinco o más las oportunidades de tener un sueño lúcido. Suena bien, pero no podemos decir aún que mediante el uso del DreamLight usted será capaz de tener sueños lúcidos.

Para ello, resulta fundamental dormirse conscientemente.

Hablemos de los sueños lúcidos iniciados desde la vigilia (WILDS):

Anteriormente hemos hablado de estrategias para inducir sueños lúcidos llevando al interior del sueño una idea desde el mundo de vigilia, tal como una intención de comprender el estado de sueño, un hábito de comprobar críticamente la realidad o el reconocimiento de una señal onírica. Esas estrategias están orientadas a estimular a un soñador para que se vuelva lúcido dentro de un sueño.

Esto conlleva mantener la consciencia mientras se pierde el estado de vigilia, y nos permite entrar directamente al estado de sueño lúcido sin ninguna pérdida de la consciencia reflexiva. La idea básica presenta diversas variaciones. Mientras se queda dormido usted puede enfocarse en las imágenes hipnagógicas (principio del sueño), visualizaciones deliberadas, su respiración o los latidos de su corazón, las sensaciones en su cuerpo, o su sensación de sí mismo. Si mantiene su mente suficientemente activa mientras la tendencia a entrar en el sueño REM es fuerte, sentirá que su cuerpo se duerme, pero usted, es decir, su consciencia, se mantiene despierto. Lo siguiente que sabrá es que se encuentra en el mundo de los sueños completamente lúcido.

Estas dos estrategias diferentes para inducir lucidez resultan en dos tipos distintos de sueños lúcidos. Las experiencias en las que las personas entran conscientemente en el sueño con sueños, se denominan "sueños lúcidos iniciados desde la vigilia" (wake-initiated lucid dreams, WILD), en contraste con los sueños lúcidos iniciados desde el sueño (dream-initiated lucid dreams, DILD), en los que las personas se vuelven lúcidas después de haberse dormido inconscientemente. Las dos clases de sueños lúcidos se diferencian en cierto número de formas. Los WILD siempre suceden en asociación con breves despertares (a veces de uno o dos segundos de duración) desde el sueño REM y un inmediato regreso a éste. El soñador tiene la impresión subjetiva de haber estado despierto. Esto no es cierto para los DILD. A pesar de que ambos tipos de sueños lúcidos tienen más probabilidades de darse avanzada la noche, la proporción de WILD también se incrementa con el transcurso de la noche. En otras palabras, es más probable que se den los WILD en las últimas horas de la mañana o en siestas a mediodía.

Hablando en general, los WILD son menos frecuentes que los DILD. Podemos comprobarlo de la siguiente forma:

1.   Observe las imágenes visuales.

Enfoque suavemente su atención en las imágenes visuales que aparecen poco a poco ante el ojo de su mente. Vea cómo las imágenes comienzan y acaban. Trate de observar las imágenes de una forma lo más delicada posible, permitiendo que se reflejen pasivamente en su mente según se desenvuelven. No trate de mantenerlas, sino más bien mírelas tan sólo, sin apego ni deseo de acción. Mientras lo esté haciendo trate de adoptar la perspectiva de un observador independiente tanto como sea posible. Al principio verá una secuencia de patrones e imágenes inconexas y efímeras. Las imágenes se convertirán gradualmente en escenas que se volverán cada vez más complejas, para finalmente unirse y formar secuencias prolongadas.

2. Entre en el sueño.

Cuando las imágenes se conviertan en un escenario móvil, real, usted debería dejarse llevar pasivamente hacia el mundo de los sueños. No trate de entrar activamente en la escena onírica, sino más bien continúe teniendo un interés desapegado e independiente en las imágenes. Deje que su participación en lo que está sucediendo le lleve dentro del sueño. Pero procure tener mucha participación y poca atención. ¡Pues no olvide que ahora está usted soñando!

Atención a una visualización

Otra aproximación a la inducción de WILD, muy favorecida por la tradición tibetana, conlleva la visualización deliberada de un símbolo mientras se concentra en las imágenes hipnagógicas. La naturaleza simbólica de las imágenes probablemente ayuda a la consciencia a persistir a lo largo del proceso inicial del sueño. Presentaremos tres variaciones de esta técnica, dos procedentes de un antiguo manual de enseñanzas que datan del Tíbet del siglo VIII, y una tercera procedente de un moderno instructor de budismo tibetano.

Como verá en los siguientes ejercicios, las visualizaciones yóguicas en relación con el sueño se sitúan con frecuencia en la garganta. La psicofisiología yóguica afirma que nuestros cuerpos contienen "sutiles centros de consciencia" llamados chakras. En número de siete, están situados por todo el cuerpo, desde la base de la espina dorsal hasta la coronilla. De uno de ellos, el chakra laríngeo, se dice que regula el sueño y la vigilia. Se considera que el grado de activación del chakra laríngeo determina que ocurran la vigilia, el sueño o el soñar. Hay una intrigante similitud entre las funciones que los antiguos psicólogos orientales han atribuido al chakra laríngeo, y el papel que los modernos fisiólogos occidentales han establecido para el cercano tallo cerebral en la regulación de los estados de sueño y consciencia. No podemos rechazar, sin investigarlas, las afirmaciones de un grupo tan obviamente disciplinado y cuidadoso de observadores del cuerpo humano y de la mente como son los yoguis, porque meramente hayan hallado usar el moderno sistema metodológico científico de estándares, que no había sido inventado cuando se desarrolló el yoga. En lugar de eso, espero que haya investigaciones científicas acerca de más de esas extraordinarias ideas del antiguo Oriente.

Las técnicas tibetanas de inducción de sueños lúcidos desde la vigilia conllevan un método especial de respiración profunda (llamada respiración "en forma de olla", debido a que se extiende el abdomen como una olla redonda). El siguiente ejercicio le enseña a practicar la respiración "en forma de olla".

Ejercicio: respiración relajada ("en forma de olla")

1. Póngase cómodo

Ya que es a menudo muy fácil dormirse al tumbarse, puede que desee llevar a cabo los ejercicios de relajación, meditación y concentración en una cómoda posición de sentado. La primera vez que practique este ejercicio, sin embargo, debería tenderse sobre su espalda en una superficie firme. Afloje su ropa en el cuello y el pecho. Cierre los ojos. Deje reposar sus manos ligeramente sobre su abdomen, de tal forma que sus pulgares descansen sobre la base de su caja torácica y sus dedos medios se junten sobre su ombligo.

2. Estudie su respiración

Haga una inhalación larga y lenta, y continúe con una exhalación igualmente larga y lenta. Después vuelva a un patrón de respiración que sea sólo un poco más lento y profundo de lo normal, y preste atención a su zona media. Dirija su atención a sus manos, y verá que su diafragma y los músculos de la barriga contribuyen en gran medida tanto a la inhalación como a la expulsión del aire de sus pulmones. Sienta los movimientos de su abdomen y fíjese en cómo diferentes grupos de músculos se expanden y se contraen según llena y vacía rítmicamente sus pulmones. Concéntrese en el punto en el que se inicia su inhalación, en la unión de su abdomen y la base del pecho, llenando sus pulmones de abajo hacia arriba. Simplemente ponga atención a la forma en que se siente su cuerpo al respirar.

3. Respire lenta y profundamente

Deje que su respiración encuentre un ritmo calmado, pero normal. No la fuerce, sino permita que su diafragma y su plexo solar contribuyan más a la fase "en forma de olla" de su respiración. Su abdomen debería extenderse en forma redonda al inhalar, como una olla. Piense en sí mismo como inhalando energía nutritiva en forma de luz y después enviando la luz por todo su cuerpo con la exhalación. Sienta esta "luz" (es decir, el oxígeno) fluyendo desde sus pulmones por todas las arterias y capilares para llevar nutrientes y energía a cada célula de su cuerpo.

La llama representa la consciencia: la misma consciencia que experimentamos tanto en la vida de vigilia como en los sueños. Representa, por tanto, el potencial para una continuidad de consciencia entre la vigilia y el sueño, la preservación de la consciencia a lo largo del inicio del sueño que tratamos de lograr.

En la iconografía budista, el loto representa el proceso de desarrollo espiritual. El loto crece a partir de la oscuridad del lodo y sobre la superficie de las aguas estancadas, donde trasciende la tierra y el agua, abriendo su flor de muchos pétalos para recibir la luz pura. Aquellos que llegan a la comprensión espiritual también crecen a partir del mundo y más allá de él: sus raíces están en las oscuras profundidades del mundo material, pero sus "cabezas" (comprensiones) se elevan hacia la plenitud de la luz. Al practicar el siguiente ejercicio, tenga en mente el significado simbólico de la visualización.

Técnica del loto y la llama:

1. Relájese completamente.

Tendido en la cama, cierre suavemente los ojos y relaje su cabeza, cuello, espalda, brazos y piernas. Afloje por completo toda tensión muscular y mental, y respire lenta y reposadamente. Disfrute del sentimiento de relajación y deje ir sus pensamientos y preocupaciones. Si acaba de despertar del sueño, con probabilidad ya se halle suficientemente relajado.

2. Visualice la llama en el loto.

Tan pronto como se sienta completamente relajado, visualice en su garganta una preciosa flor de loto con pétalos suaves, de color rosa claro, que se curvan ligeramente hacia el interior. En el centro del loto imagine una llama incandescente con luz rojo-naranja. Vea la llama tan claramente como sea posible: es más brillante en los bordes que en el centro. Concéntrese suavemente en la parte superior de la llama, y siga visualizándolo todo tanto tiempo como sea posible.

3. Observe sus imágenes.

Observe cómo la imagen de la llama en el loto interactúa con las otras imágenes que surgen en su mente. No trate de pensar en ello, interpretarlo o preocuparse con ninguna de esas imágenes, sino al contrario, siga manteniendo su visualización.

4. Fúndase con la imagen y con el sueño.

Contemple la llama en el loto hasta que sienta que la imagen y su consciencia de ella se funden juntas. Cuando suceda esto, no sea consciente durante más tiempo de tratar de concentrarse en la imagen, sino simplemente véala. Gradualmente, con práctica, encontrará que está soñando.

Atención a otras tareas mentales

También puede utilizar cualquier proceso cognitivo que requiera un esfuerzo mínimo pero consciente para concentrar su mente mientras se queda dormido. De ese modo, en lo que es ya una historia conocida, su cuerpo se duerme mientras el proceso cognitivo se lleva consigo su mente consciente hacia el sueño. La aproximación básica requiere que usted se tumbe en la cama, relajado pero vigilante, y que lleve a cabo una tarea mental repetitiva, enfocando su atención en la tarea mientras su percepción del entorno disminuye y se desvanece gradualmente al mismo tiempo que usted se duerme. Mientras continúe llevando a cabo la tarea mental, su mente permanecerá despierta.

Técnica de contar mentalmente:

1. Relájese completamente.

Tendido en la cama, cierre suavemente los ojos y relaje su cabeza, cuello, espalda, brazos y piernas. Afloje por completo toda tensión muscular y mental, y respire lenta y reposadamente.

Disfrute del sentimiento de relajación y deje ir sus pensamientos y preocupaciones. Si acaba de despertar del sueño, con probabilidad ya se halle suficientemente relajado.

2. Cuente mentalmente mientras se queda dormido.

Según se desliza hacia el sueño, cuente mentalmente: 1) estoy soñando, 2) estoy soñando, y así sucesivamente, manteniendo un cierto grado de vigilancia. Puede comenzar de nuevo al llegar a cien, si lo desea.

3. Dese cuenta de que está soñando.

Después de seguir con la cuenta y de recordar el proceso durante un tiempo, encontrará que llegado a un punto se estará diciendo: "Estoy soñando...", ¡y se dará cuenta de que está soñando!

Tenga en cuenta que la frase "Estoy soñando" le ayuda a recordar lo que intenta hacer, pero no es estrictamente necesaria. Simplemente enfocando su atención en contar, probablemente le permitirá retener suficiente vigilancia para reconocer las imágenes del sueño como lo que son.

Puede hacer progresos más rápidos con esta técnica si tiene a alguien que le observe mientras se queda dormido. El trabajo de su asistente consistirá en despertarle siempre que muestre algún signo de haberse quedado dormido, y preguntarle qué número alcanzó, y qué estaba soñando.

La tarea del observador puede sonar difícil, pero en realidad es bastante sencillo saber cuándo una persona se ha dormido. Hay varios signos del inicio del sueño observables: con poca luz puede observarse el movimiento de los ojos bajo los párpados. Movimientos lentos y pendulares de los ojos de lado a lado son un signo fiable del inicio del sueño, igual que pequeños movimientos o temblores de los labios, la cara, las manos, los pies y otros músculos. Un tercer signo del comienzo del sueño es la respiración irregular.

Según practique el ejercicio, su observador debería despertarle de vez en cuando y preguntarle por su conteo y sus sueños. Al principio encontrará que ha alcanzado, digamos "50, estoy soñando...", y no más, porque en ese punto comenzó a soñar y olvidó la cuenta. "Resuelva", pues, intentarlo más en serio para retener la consciencia y continúe con el ejercicio. Después de unas cuantas docenas de despertares, en el curso de una hora más o menos, la retroalimentación empezará a ayudar. Antes o después se dirá: "100, estoy soñando..." ¡y encontrará que finalmente es cierto!

Atención al cuerpo o a sí mismo

Si se concentra en su cuerpo mientras se queda dormido, a veces se dará cuenta de una condición en la que parece que experimenta distorsiones extremas, o comienza a sacudirse con misteriosas vibraciones, o se queda completamente paralizado. Todos estos estados corporales inusuales están relacionados con el proceso del inicio del sueño y particularmente con el inicio del sueño REM.

Durante el sueño REM, todos los músculos voluntarios de su cuerpo están casi paralizados por completo, excepto los músculos que mueven sus ojos y aquéllos con los que respira. El sueño REM es un estado psico-fisiológico que implica la actividad cooperativa de un cierto número de distintos sistemas cerebrales de propósitos especiales. Por ejemplo, sistemas neuronales independientes que causan parálisis muscular, bloqueo de la información sensorial y activación cortical. Cuando estos tres sistemas trabajan juntos, su cerebro se encontrará en el estado de sueño REM, y usted probablemente estará soñando.

A veces los sistemas REM no se encienden, o se apagan al mismo tiempo. Por ejemplo, puede haber despertado parcialmente del sueño REM antes de que los sistemas que producen la parálisis se apaguen, de tal modo que su cuerpo sigue paralizado incluso aunque usted está despierto. La parálisis del sueño, como se llama esta condición, puede ocurrir mientras la gente se queda dormida (rara vez) o cuando se despierta (con más frecuencia). Si no sabe lo que está pasando, su primera experiencia con la parálisis del sueño puede ser aterradora. La gente normalmente lucha en un infructuoso esfuerzo por moverse o despertarse del todo. De hecho, tales reacciones emocionales de pánico son completamente contraproducentes; es probable que estimulen áreas del sistema límbico (emocional) que causan que el estado REM persista.

El caso es que la parálisis del sueño es inofensiva. A veces, cuando sucede, uno siente que se asfixia o que está en presencia de una rara maldad. Pero ésta es tan sólo la forma en que un cerebro medio dormido interpreta estas condiciones anormales: ¡pues algo terrible debe de estar pasando! Las historias medievales de ataques de "íncubos" (espíritus malvados que, según se creía, descendían sobre las mujeres dormidas para tener sexo con ellas) probablemente derivaron de experiencias de parálisis del sueño fantásticamente malinterpretadas. La próxima vez que experimente la parálisis del sueño, simplemente recuerde relajarse. Y, dígase a sí mismo que se encuentra en el mismo estado en el que ha permanecido durante varias horas cada noche durante el sueño REM. Así, de esta forma, no le hará ningún daño y todo pasará en unos minutos.

La parálisis del sueño no sólo no es nada que haya que temer, sino que es algo que hay que buscar y cultivar. Cada vez que experimente la parálisis del sueño, se encontrará en el umbral del sueño REM. Tiene, como si dijéramos, un pie en el estado de sueño y otro en el de vigilia. Tan sólo tiene que dar un paso y se encontrará en el mundo de los sueños lúcidos. En los siguientes ejercicios presentamos diversas técnicas para dar ese paso.

Técnica de los cuerpos gemelos:

1. Relájese completamente.

Después de despertar de un sueño, tiéndase sobre la espalda o sobre el lado derecho, con los ojos suavemente cerrados. Tense y después relaje su cara y cabeza, cuello, espalda, brazos y piernas. Afloje completamente toda tensión muscular y mental, y respire despacio y con calma. Disfrute del sentimiento de relajación, y afirme su intención de entrar conscientemente en el estado de sueño; y deje pasar todos sus otros pensamientos, preocupaciones e inquietudes.

2. Concéntrese en el cuerpo.

Ahora enfoque su atención en su cuerpo físico. Busque señales de sensaciones extrañas, vibraciones y distorsiones de la imagen de su cuerpo. Éstas son el resultado de la parálisis del sueño en REM. Finalmente experimentará sensaciones como las descritas más arriba, que rápidamente se convertirán en una parálisis completa de su cuerpo físico. En esta fase está preparado para dejar atrás su paralizado cuerpo y entrar en el mundo onírico con su cuerpo onírico.

3. Abandone su cuerpo y entre en el sueño.

Tan pronto como sienta que su cuerpo físico se encuentra en un profundo estado de parálisis del sueño, está preparado para irse. Recuerde que su cuerpo físico, ahora paralizado, tiene un gemelo mágico, móvil, es decir, su cuerpo onírico, y que usted puede experimentarse a sí mismo fácilmente como existiendo en un cuerpo o en el otro. De hecho, excepto en períodos lúcidos ocasionales, rara vez se da cuenta incluso de que su cuerpo onírico representa el papel de su "gemelo", el cuerpo físico. Ahora imagine que se encuentra encarnado en su aéreo cuerpo onírico e imagine cómo sería flotar o rodar fuera de su gemelo terrenal. Permítase desdoblarse del cuerpo físico inmóvil. Salte, caiga o arrástrese fuera de la cama. Incorpórese o húndase en el suelo. Vuele por el techo o simplemente levántese. Ahora se encuentra en el mundo del sueño lúcido.

Pero cuidado, tan pronto como "salga de la cama", debería reconocer que es un completo extranjero en tierra extranjera. Recuerde que se encuentra en un cuerpo onírico y que todo lo que le rodea es un sueño también. Eso incluye la cama de la que acaba de salir: es una cama soñada. Y el "cuerpo durmiente" del que también acaba de salir, a pesar de que estaba usted pensando en él hace un momento como un cuerpo físico, ahora es un cuerpo soñado también. Todo lo que ve es su sueño.

Si cree que está flotando por el mundo físico en su "cuerpo astral", entonces le pido que haga una o dos observaciones críticas y que lleve a cabo unas cuantas comprobaciones del estado. Aquí tiene unos ejemplos: 1) trate de leer dos veces el mismo pasaje de un libro, 2) mire un reloj digital, mire para otro lado y después vuelva a mirarlo unos segundos más tarde, y, 3) trate de encontrar y de leer este párrafo, ¡y saque sus propias conclusiones!

¿Dos cuerpos o uno?

Una persona experimenta un solo cuerpo, y no es el cuerpo físico, sino la imagen del cuerpo (la representación cerebral del cuerpo físico). La imagen del cuerpo es lo que experimentamos cada vez que nos sentimos encarnados, bien sea en nuestro cuerpo físico, onírico o astral. Así que, dado que la idea de un segundo cuerpo es innecesaria, puede elegir probar la siguiente adaptación de la técnica de un solo cuerpo, (que carga con un cuerpo menos en su compartimento de equipaje metafísico).

Técnica de un solo cuerpo:

1. Relájese completamente.

Después de despertar de un sueño, tiéndase sobre la espalda o sobre el lado derecho, con los ojos suavemente cerrados. Tense y después relaje su cara y cabeza, cuello, espalda, brazos y piernas. Afloje completamente toda tensión muscular y mental, y respire despacio y con calma. Disfrute del sentimiento de relajación, y afirme su intención de entrar conscientemente en el estado de sueño, dejando pasar todos sus otros pensamientos, preocupaciones e inquietudes.

2. Concéntrese en el cuerpo.

Ahora enfoque su atención en su cuerpo físico. Busque señales de sensaciones extrañas, vibraciones y distorsiones de la imagen de su cuerpo, pues éstas son el resultado de la parálisis del sueño en REM. Finalmente experimentará sensaciones como las descritas más arriba, que rápidamente se convertirán en una parálisis completa de su cuerpo físico. En esta fase está preparado para dejar atrás su paralizado cuerpo y entrar en el mundo onírico con su cuerpo onírico.

3. Abandone su cuerpo y entre en el sueño.

Tan pronto como sienta que su cuerpo físico se encuentra en un profundo estado de parálisis del sueño, está preparado para irse. Recuerde que la imagen del cuerpo que está experimentando actualmente como un cuerpo físico paralizado, no puede moverse (en el espacio mental) porque la información sensorial le está diciendo a su cerebro que su cuerpo físico está inmóvil. Cuando cesen los estímulos sensoriales (cuando profundice en el sueño REM) no habrá más información (excepto memoria) que indique que su cuerpo físico se encuentra en la misma posición en la que se encontraba antes. Ahora es usted libre de sentir el movimiento de su imagen corporal o cuerpo onírico sin contradicción alguna con sus sistemas sensoriales. Su imagen corporal puede moverse sin referencia a la posición real de su cuerpo físico, como sucede naturalmente en sueños.

Además, si experimenta parálisis del sueño, puede estar seguro de que la inhibición de los estímulos sensoriales no puede estar lejos. Simplemente imagine que su imagen corporal puede moverse de nuevo. Imagine que está en alguna otra parte en lugar de durmiendo en la cama: en cualquier otra parte, en otra posición o situación.

Una vez que experimente que su cuerpo onírico está fuera de la cama, no sentirá más las sensaciones de la parálisis de su cuerpo físico.

De nuevo tenga cuidado, pues la misma advertencia de la técnica de los cuerpos gemelos se aplica a la de un solo cuerpo: tan pronto como "salga de la cama" debería reconocer que está soñando. Recuerde que se está moviendo en su cuerpo onírico y que el entorno que le rodea es algo soñado también. Porque todo lo que ve es su sueño.

¿Un cuerpo o ninguno?:

Por supuesto, incluso el cuerpo (imagen) con que nos quedamos en la última técnica es el producto de un realismo metafísico ingenuo. Su imagen corporal es el modelo que su cerebro tiene de su cuerpo físico. Su imagen corporal actúa como si fuese su cuerpo físico cuando está en vigilia. Esto se debe a que su cuerpo proporciona a su cerebro información sensorial acerca de su posición y su condición; a partir de esta información sensorial su cerebro construye un modelo de su estado actual y de la disposición de su cuerpo físico. Finalmente, usted experimenta el modelo que su cerebro elabora acerca de su cuerpo (es decir, la imagen corporal) como si fuera su cuerpo.

Esto tiene sentido si usted está tratando de mantenerse en contacto con lo que su cuerpo físico hace: su cerebro necesita mantener un modelo cuidadosamente actualizado que represente correctamente cómo se relacionan los objetos con su cuerpo físico, de tal modo que pueda actuar sin tropezar con sus propios pies.

Por ejemplo, consideremos un estado de cosas muy diferente: el sueño REM. En este caso su cuerpo físico proporciona al cerebro información sensorial prácticamente inútil sobre su condición. Como resultado el cerebro no puede actualizar la configuración de su modelo corporal para que encaje con la del cuerpo físico. El cerebro, en cierto sentido, ha perdido al cuerpo que duerme. Así que la imagen corporal viaja por el país de los sueños, inconsciente de que el cerebro estuviese en contacto sensorial con el cuerpo físico, ¡pues entonces el cuerpo onírico no iría a ninguna parte!

Ahora echemos un radical vistazo al modelo del mundo que tiene el cerebro. Si no está representando la posición, la actividad o la condición del cuerpo físico, ¿por qué necesitaría mantener un modelo de la apariencia, la funcionalidad, la topología o la forma del cuerpo físico? Hay que tener en cuenta que la experiencia del propio cuerpo en un sueño es meramente un fenómeno transferido desde el estado de vigilia, y es esencialmente desechable. Esto nos permite arrojar por la borda más equipaje metafísico aún, y viajar realmente sin lastre: hemos ido desde la técnica de los cuerpos gemelos a la de un solo cuerpo; y ahora el siguiente paso es la técnica sin cuerpo.

Técnica sin cuerpo:

1. Relájese completamente.

Después de despertar de un sueño, tiéndase sobre la espalda o sobre el lado derecho, con los ojos suavemente cerrados. Tense y después relaje su cara y cabeza, cuello, espalda, brazos y piernas. Afloje completamente toda tensión muscular y mental, y respire despacio y con calma. Disfrute del sentimiento de relajación y afirme su intención de entrar conscientemente en el estado de sueño; deje pasar todos sus otros pensamientos, preocupaciones e inquietudes. Deje que todo en usted se vaya apagando, cada vez más despacio, cada vez más relajado, hasta que su mente se vuelva tan serena como el océano más calmado.

2. Piense que pronto no seguirá sintiendo su cuerpo.

Mientras se duerme, concéntrese en el pensamiento de que cuando se duerma, su cuerpo se volverá imperceptible.

3. Flote libremente por el sueño como si su ego fuera un punto.

Tan pronto como no pueda sentir su cuerpo, imagine que usted es un punto de consciencia desde el que percibe, siente, piensa y actúa en el mundo de los sueños. Flote libremente por el mundo de los sueños como una mota de polvo en un rayo de sol.

Ahora bien, tenga en cuenta que si se ha establecido un decorado visual onírico entonces es posible viajar por este decorado. El ego-punto puede, bajo ciertas circunstancias, entrar en el cuerpo de otra figura del sueño y tomar el control de su 'sistema motor'.

Y ahora, ¿adónde ir desde aquí?

Pruebe todas las técnicas y después céntrese en las que funcionen mejor para usted. Practíquelas con frecuencia, y debería encontrarse con que su habilidad crece. Cuantos más sueños lúcidos tenga, más fácil le resultará tener otros nuevos. Una vez que sea capaz de entrar en el mundo de los sueños, surgirá la pregunta: Ahora que está aquí, ¿adónde irá y qué hará a continuación?

EL EDIFICIO DE LOS SUEÑOS

Tenga en cuenta que los sueños son modelos del mundo. Por ello, dado que su cabeza soñadora estará en las nubes, debería embarcarse en sus exploraciones con los pies en la tierra.

La tarea básica del cerebro es predecir y controlar los resultados de sus acciones en el mundo. Para cumplir con esta tarea construye un modelo del mundo. El cerebro basa su mejor suposición sobre lo que está sucediendo en el mundo en la información que recibe desde los sentidos en ese momento. Cuando dormimos, el cerebro recibe poca información desde los sentidos. Por lo tanto, la información más cercana disponible es la que ya está dentro de nuestras cabezas: recuerdos, expectativas, miedos, deseos y así sucesivamente. Puesto que los sueños son el resultado de que nuestro cerebro utilice esta información interna para crear una simulación del mundo.

De acuerdo con esta teoría, los sueños son el resultado del mismo proceso perceptivo y mental que usamos para comprender el mundo cuando estamos despiertos. Por lo tanto, para comprender los sueños, necesitamos saber algo del proceso de la percepción en vigilia y considerar cómo modifica el sueño el funcionamiento de la mente.

La construcción de la percepción:

Las experiencias perceptivas se construyen mediante una evaluación inconsciente, complicada y primaria de la información sensorial. Este proceso incluye muchos factores que van más allá de los simples datos que entran por los sentidos. Estos factores se clasifican en dos clases principales: expectativa y motivación.

La Expectativa y su asociación con la percepción:

La percepción (lo que vemos, oímos, o sentimos) depende de la expectativa en gran medida. En cierto modo, percibimos lo que esperamos percibir. La expectativa adopta muchas formas; una de las más importantes es el contexto.

Este hecho se utiliza en tests como el de las manchas de Rorschach, que usa la interpretación de figuras ambiguas para la valoración de la personalidad. En un clásico estudio de imaginación, notaron que a los sujetos a los que se les pedía interpretar las manchas de tinta, frecuentemente revelaban mucha información sobre sus intereses personales y ocupaciones.

La Motivación y su asociación con la percepción:

Otro factor importante que influye en la percepción es la motivación. Nuestras motivaciones son nuestras razones para hacer las cosas. Hay muchas clases diferentes de motivación, desde los impulsos más básicos como el hambre, la sed y el sexo, pasando por las necesidades psicológicas de afecto, reconocimiento y autoestima, hasta, finalmente, los más altos motivos como el altruismo y lo que Abraham Maslow llamó la autorrealización, la necesidad de realizar el potencial único de cada uno. Parece ser que cada uno de estos niveles de motivación puede afectar a los procesos perceptivos.

La influencia de los niveles de motivación inferiores es fácil de estudiar. Por ejemplo, en un experimento se pidió a unos niños que adivinaran el tamaño de unas monedas. Cuando se les enseñó la misma moneda, los niños pobres la vieron de mayor tamaño que los ricos. En otro experimento, cuando se enseñaba figuras ambiguas a escolares antes y después de las comidas, que identificasen las figuras como comida era el doble de probable teniendo hambre que después de comer. Como dice el proverbio: "Lo que el pan parece, depende de si tienes hambre o no".

Las emociones fuertes motivan el comportamiento e influyen en la percepción. Probablemente sepa por experiencia que las personas enfadadas tienen demasiada tendencia a ver hostilidad en los demás. Las personas asustadas tenderán a ver lo que temen, incluso si eso significa confundir un arbusto con un oso. En un tono más positivo, los enamorados tenderán a confundir a extraños con sus seres amados.

En general la motivación lleva a la gente a actuar para conseguir sus metas o a la satisfacción de alguna necesidad específica. Tener un motivo o emoción impone prejuicios a su percepción en el sentido de ver las cosas según se desea que sean.

Si la percepción conlleva analizar y evaluar la información sensorial, entonces el cerebro debe usar algún tipo de proceso comparativo para determinar qué está percibiendo. Suponga, por ejemplo, que se le presenta una ambigua forma de ver las cosas. ¿Qué está viendo? ¿Un arbusto o un oso? ¿Una piedra o una pera? Para identificarlo como alguna de esas cosas, usted ya debe tener modelos mentales de arbustos, osos, piedras y peras, o lo que sea, con lo cual pueda comparar la información de sus sentidos. Lo que usted ve es lo que mejor encaja.

El mismo proceso se aplica también a niveles de la mente más abstractos, incluido el lenguaje, el razonamiento y la memoria. Por ejemplo, usted no puede juzgar si en una situación dada alguien ha hablado con tacto o verazmente a no ser que usted tenga modelos mentales para "tacto" y para "verdad". Esos modelos mentales, llamados "esquemas" o "marcos" o "guiones", contienen los bloques de construcción de la percepción y el pensamiento. Serían los llamados bloques de construcción de la mente, o esquemas de la mente.

Se crean nuevos esquemas adaptando o combinando los viejos, algunos de los cuales los heredamos genéticamente. Capturan regularidades esenciales acerca de cómo ha funcionado el mundo en el pasado y cómo suponemos que funcionará en el futuro. Un esquema es un modelo o teoría de alguna parte del mundo. Sería algo así como una clase de teoría informal, privada, inarticulada, acerca de la naturaleza de los eventos, objetos o situaciones que encaramos. El conjunto total de esquemas de que disponemos para interpretar nuestro mundo, y que en cierto sentido constituye nuestra teoría privada acerca de la naturaleza de la realidad.

Los esquemas nos ayudan a organizar las experiencias agrupándolas en conjuntos típicos de rasgos o atributos de objetos, personas o situaciones. Esos conjuntos de suposiciones nos permiten ir más allá de la información parcial disponible a nuestros sentidos y percibir el todo.

¿Cómo activamos estos esquemas de la mente?

Hasta ahora hemos descrito los esquemas en términos puramente psicológicos, pero presumiblemente están representados en el cerebro mediante redes de neuronas. La teoría actual favorece la idea de que el punto hasta el que un esquema funciona para organizar la experiencia está determinado por el grado de actividad de su respectiva red neuronal.

Freud creía que la mente estaba dividida en tres partes: consciente, preconsciente e inconsciente. En esos términos, la activación de un esquema por encima de un umbral crítico da como resultado una experiencia consciente. Los esquemas con suficiente activación como para influir en la activación de otros esquemas, pero insuficiente como para entrar ellos mismos en la consciencia, son parte de la mente preconsciente. Mientras que aquellos esquemas con muy poca activación permanecen inconscientes.

Nos adentramos en el edificio de los sueños:

Los sueños tal vez sean simulaciones del mundo creadas por nuestros sistemas perceptivos.

Considere, antes que nada, cómo el sueño modifica el proceso de la percepción. Durante el sueño REM, están suprimidos tanto la entrada de datos sensoriales del mundo exterior como el movimiento del cuerpo, mientras que el cerebro entero está altamente activo. La actividad del cerebro trae ciertos esquemas sobre sus umbrales perceptivos. Estos esquemas entran en la consciencia, causando que el soñador vea, sienta, oiga y experimente cosas que no están presentes en el entorno exterior.

Normalmente, si usted viese cosas que no están realmente allí, los datos sensoriales contradictorios corregirían rápidamente su errónea impresión. ¿Por qué no pasa lo mismo durante los sueños? La respuesta es porque hay disponibles pocos datos sensoriales, o ninguno, para que el cerebro pueda corregir tales errores.

¿En qué es probable que soñemos?

Nuestra experiencia en sueños está determinada por los esquemas que están activados sobre el umbral de la consciencia. ¿Pero qué determina qué esquemas están activados? Los mismos procesos que influyen en la percepción en vigilia: la expectativa y la motivación.

La expectativa se muestra en sueños en diversas formas. Cuando construimos un mundo onírico esperamos que se asemeje a mundos pasados que hemos experimentado. De ese modo, los mundos oníricos están casi siempre equipados con gravedad, espacio, tiempo y aire. De igual modo, la experiencia reciente influye en el soñar, del mismo modo que influye en la percepción en vigilia. Freud llamaba a esto "residuo del día".

Los intereses personales, las preocupaciones y las inquietudes influyen en los sueños igual que en la percepción en vigilia.

La motivación y las emociones influyen con fuerza en la percepción en vigilia, y podemos esperar que hagan lo mismo con los sueños. En particular, es más probable que usted sueñe con lo que desea (sueños de satisfacción de deseos). Suponga, por ejemplo, que se ha ido a la cama sin cenar. Pues entonces es probable que usted sueñe con comida. Freud estaba tan impresionado con el predominio de la satisfacción de deseos en los sueños que la convirtió en la piedra angular de toda su teoría de los sueños. De acuerdo con Freud, cada sueño es la satisfacción de un deseo. Sin embargo, esto parece ser una exageración del caso, pues las pesadillas son un contra ejemplo obvio.

De hecho, igual que el miedo le hace más asustadizo, es decir, dispuesto a interpretar en vigilia estímulos ambiguos como peligro; en sueños tiene el mismo efecto. Es probable que sea por esto que la gente sueña con situaciones desagradables e incluso horribles. La razón no es, como creía Freud, porque son masoquistas y desean inconscientemente ser asustados. Lo más probable es que se deba a que tienen miedo de ciertos eventos, y por lo tanto esperan, en cierto sentido, que puedan suceder. No puede asustarse de los fantasmas si no cree en ellos.

¿Por qué los sueños parecen historias?

Por lo que acabamos de contar, usted podría esperar que los sueños fuesen secuencias de imágenes, ideas, sentimientos y sensaciones desconectadas, más que las secuencias parecidas a las historias tan detalladas y dramáticas que son a menudo. Sin embargo, también es verdad que la activación de esquemas puede contribuir también a la complejidad y la carga significativa de los sueños. Para ver esto con claridad, nada mejor que observar el tema anterior, donde observábamos cómo los esquemas nos llevan más allá de la información suministrada. Aquel ejercicio mostraba cómo unos pocos esquemas de propósito general pueden generar una gran cantidad de detalles significativos, por ejemplo: dele un punto a un esquema y aquel verá una mosca; dele a un cerebro durmiente uno o dos esquemas activados y fabricará un sueño.

Algunos sueños tienen argumentos tan coherentes, divertidos, dramáticos y profundos como las mejores historias, mitos y obras de teatro. Después de despertar de dichos sueños, a veces parece como si la importancia de los personajes o de los eventos tramados a lo largo del sueño se hiciese clara sólo en el desenlace. Esto puede dar la impresión de un completo argumento onírico calculado de antemano.

Con probabilidad, esta clase de sueños es la que da a la gente la noción de que sus mentes inconscientes han fabricado una película onírica con un mensaje para su mente consciente para que la vea y la interprete. Sin embargo, lo normal es pensar en una explicación más sencilla… como que un esquema de historia se ha activado a lo largo del sueño.

La noción de esquema de historia puede haberle cogido por sorpresa, pero recuerde: hay esquemas para todo. La historia, o el esquema narrativo, es una parte de la cultura humana universalmente comprendida. Las historias, en su mayor parte, se dan típicamente como secuencias o episodios, que se dividen en tres partes: exposición, complicación y resolución. La exposición presenta el escenario y los personajes, que normalmente se encuentran con determinada complicación o problema que se resuelve por último al final de la historia.

De hecho, Carl Jung describió los sueños como dramas en tres actos. Los esquemas de historias pueden especificar secuencias o eventos, el paso del tiempo o la presentación de personajes, patrones de tensión y alivio, o bien finales con sorpresa. No es necesario transformar a la mente inconsciente en el papel de "director de los sueños".

¿Por qué los sueños tienen sentido?

Ver los sueños como modelos del mundo está lejos de la noción tradicional de los sueños como mensajes, sean de los dioses o de la mente inconsciente. Como quiera que sea, la interpretación de los sueños puede ser muy reveladora acerca de la personalidad y puede ser una práctica gratificante y valiosa.

La razón para esto es sencilla. Piense en el test proyectivo de las manchas de tinta. ¿Cómo es que lo que la gente ve en unas manchas de tinta nos dice algo de ellos mismos? Sus interpretaciones nos informan acerca de sus intereses personales, inquietudes, experiencias, preocupaciones y personalidad. Los sueños contienen mucha más información personal que las manchas de tinta, porque las imágenes que contienen las creamos nosotros a partir de los contenidos de nuestras mentes. Puede que los sueños no sean mensajes, pero son nuestras creaciones más íntimamente personales. Como tales, están bien coloreados por quiénes somos, lo que somos, y por quién podemos llegar a ser.

Por tanto, llegamos de nuevo a la confirmación que, los sueños, en buena lógica ilustran varias características de la construcción de los propios sueños: 1) los sueños son productos de una interacción entre varias partes de la mente, incluyendo el consciente, el preconsciente y el inconsciente; 2) los esquemas, las motivaciones y las expectativas interactúan en el desarrollo del sueño; y 3) no hay predestinación en los sueños. Éstos responden tan rápido como pueden a las motivaciones más bajas como a las más altas, o a las expectativas de desastres.

Aunque también nos encontramos restricciones mentales al soñar, debido a que las presuposiciones pueden ser peligrosas. Puesto que, como hemos visto, los esquemas son teorías que encarnan suposiciones acerca del mundo. De esta forma, si sus presuposiciones están equivocadas y, como resultado, su esquema fracasa a la hora de modelar el mundo adecuadamente, lo que podría acontecer es un proceso de revisión de la teoría, y de modificación del esquema, llamado "acomodado". Por lo que su esquema acomodado encajará mejor ahora con los hechos, y usted tendrá ligeramente más conocimiento que antes.

Si siempre acomodamos nuestros esquemas de acuerdo con información nueva, nuestros mundos se expandirán de forma continua según nuestros esquemas se vuelvan cada vez más amplios, adaptables e inteligentes. Desafortunadamente, la gente no siempre acomoda sus esquemas a la vista de información nueva.

Puede que no siempre veamos la nueva información, precisamente porque no encaja con las presuposiciones de nuestros esquemas. En lugar de darnos cuenta de la discrepancia, distorsionamos o, mejor dicho "asimilamos" nuestra percepción del evento, realidad, u objeto, para que encaje con el esquema. La dificultad de hacer una lectura exacta en busca de errores ilustra este fenómeno. O si vemos que algo no encaja, consideramos la característica o características discrepantes como irrelevantes o defectuosas.

El conjunto general de esquemas que guía nuestra experiencia ordinaria de vigilia también gobierna nuestro ordinario estado de sueño. Al final asumimos tácitamente que estamos despiertos, y nuestras percepciones durante el sueño se distorsionan para encajar con esa presuposición.

Cuando suceden eventos oníricos extravagantes, los asumimos de alguna manera dentro de lo que consideramos posible.

Si sucede que nos damos cuenta de ellos, o los experimentamos como inusuales, normalmente somos capaces de racionalizarlos.

Si usted quiere convertirse en un soñador lúcido, sin embargo, debe estar preparado para aceptar la posibilidad de que "una paloma extraña" pueda ser un pájaro de una clase completamente diferente, y de que a veces la explicación a las anormalidades es que usted está soñando.

La importancia de "la expectativa" en la construcción de los sueños.

Sus expectativas y presuposiciones bien sean conscientes o preconscientes, sobre lo que son los sueños determina en gran medida la forma precisa que toman sus sueños. Y esto se aplica también a su vida de vigilia.

Como ejemplo de los efectos de las limitaciones asumidas en la competencia humana, considere el mito de correr los 100 metros en menos de 10 segundos. En el siglo pasado, durante muchos años se creyó que era imposible correr tan rápido, hasta que alguien lo hizo, y lo imposible se volvió posible. Casi inmediatamente, muchos otros fueron capaces de hacer lo mismo.

Las presuposiciones desempeñan un importante papel durante las ensoñaciones diurnas, más que la percepción de vigilia. Después de todo, en el mundo físico nuestros cuerpos tienen limitaciones reales intrínsecas, por no hablar de las restricciones de las leyes de la física.

Puede haber restricciones fisiológicas a las acciones de un soñador lúcido, derivadas de las limitaciones funcionales del cerebro humano. Por ejemplo, parece ser que los soñadores lúcidos encuentran prácticamente imposible leer textos coherentes. Puesto que en los sueños lúcidos las letras simplemente no se están quietas.

Así, si tratas de concentrarte en las palabras, las letras se convierten en jeroglíficos.

Sin embargo, las posibles restricciones fisiológicas sobre las acciones oníricas son mucho menores en número que las impuestas en la vida de vigilia por las leyes de la física, lo cual deja más espacio en los sueños para que las influencias psicológicas, tales como las presuposiciones, limiten nuestras acciones.

Si piensa que no puede, no podrá

El filósofo ruso Ouspensky creía que el hombre no podía pensar en sí mismo en el sueño, a no ser que su pensamiento también fuera un sueño. De algún modo, a partir de esto decidió que "un hombre no puede jamás pronunciar su propio nombre en el sueño". A la luz de lo que ahora sabemos sobre los efectos de la expectativa sobre el contenido onírico, no debería sorprenderse al oír que Ouspensky afirmaba, "como cabía esperar", que "si pronunciaba mi nombre en el sueño, inmediatamente me despertaba".

En sueños, más incluso que en ninguna otra situación en la vida, si usted piensa que no puede, no podrá.

PRINCIPIOS Y PRÁCTICA DE LOS SUEÑOS LÚCIDOS

Aquí nos planteamos el dilema "Soñar o no soñar: cómo permanecer dormido o despierto a voluntad"

Hasta ahora ha aprendido varias técnicas para incrementar su memoria onírica y para inducir sueños lúcidos. Tal vez haya tenido éxito a la hora de tener algunos sueños lúcidos, o tal vez sepa cómo inducirlos más o menos a voluntad. Ahora que ha aprendido a darse cuenta de cuándo está soñando, ¿qué puede hacer con este conocimiento? Ya hemos visto que, una de las posibilidades más fascinantes es la habilidad de controlar los sueños. Es posible soñar con lo que quiera que usted elija, como creen los yoguis del sueño tibetanos. Pero antes de que pueda intentarlo, debe ser capaz de mantenerse dormido y de retener la lucidez.

Los soñadores lúcidos principiantes, a menudo se despiertan en el momento en que se hacen lúcidos. Pueden reconocer claves para la lucidez, aplicar comprobaciones del estado, y concluir que están soñando, pero se frustran debido a que se despiertan o caen en la pérdida de lucidez poco después de adquirirla. Sin embargo, este obstáculo es solo temporal. Con experiencia usted puede desarrollar la capacidad de permanecer más tiempo en el sueño.

Prevenir el despertar prematuro

Experimentando de manera informal, en sus camas en casa, los soñadores lúcidos han descubierto varias formas de mantenerse en el estado de sueño cuando les amenaza el despertar prematuro. Todas las técnicas implican llevar a cabo alguna forma de acción en el sueño tan pronto como la parte visual del sueño comienza a desvanecerse.

En alguna investigación ya se ha descrito cómo previene el despertar mediante la concentración en otros sentidos que no sean el de la vista, tal como el oír o el tocar. En la misma se ha informado que todas las actividades siguientes han prevenido con éxito el despertar desde sueños a menudo desvanecidos: oír voces, música o su propia respiración; comenzar o seguir una conversación; frotarse o abrir los ojos (en el sueño); tocarse brazos y cara; tocar objetos, tales como unas gafas, un cepillo para el pelo, o el borde de un espejo; ser tocado y volar…

Todas estas actividades tienen algo en común, están basadas en la idea de cargar el sistema perceptivo de tal forma que no pueda cambiar su enfoque desde el mundo de los sueños al mundo de vigilia. Mientras usted esté ocupado activa y perceptivamente con el mundo de los sueños es menos probable que haga la transición hacia el mundo de vigilia.

Un investigador que estudió los sueños lúcidos durante la primera mitad del siglo XX, fue el primero que propuso la técnica de mirar al suelo para estabilizar el sueño.

La idea de enfocar algo del sueño para prevenir el despertar se les había ocurrido independientemente a varios otros soñadores lúcidos. Uno de ellos es Sparrow, psicólogo clínico, quien discutió la famosa técnica de Carlos Castaneda de mirarse las manos mientras se sueña para inducir y estabilizar los sueños lúcidos. Sparrow argumenta que el cuerpo del soñador proporciona uno de los elementos más estables del sueño, lo cual puede ayudar a estabilizar la identidad, débil de otro modo, en vista de un sueño rápidamente cambiante. Sin embargo, como él señala, el cuerpo no es el único punto de referencia relativamente estable: otro es el suelo bajo los pies del soñador.

Girar en sueños

Es interesante probar una variedad de movimientos en el sueño, como por ejemplo caer hacia atrás y girar sobre uno mismo en el sueño, pues es especialmente efectivo a la hora de prolongar los sueños lúcidos.

¿En qué consiste la técnica de girar?

1.   Dese cuenta de cuándo comienza a desvanecerse el sueño.

Cuando acaba un sueño, el primer sentido que se desvanece es la vista. Los otros sentidos pueden durar más tiempo, siendo el tacto el que más tarda en desaparecer. El primer signo de que un sueño lúcido está a punto de acabar suele ser una pérdida de color y de realismo en sus imágenes. El sueño puede perder detalles visuales y comenzar a tomar el aspecto de un dibujo o una apariencia desvaída. Podría encontrar que la iluminación se va haciendo muy tenue, o que su vista se hace progresivamente más débil.

2.   Gire tan pronto como el sueño comience a desvanecerse.

Tan pronto como las imágenes visuales del sueño lúcido comienzan a desvanecerse, rápidamente, antes de sentir que su cuerpo onírico se evapora, extienda los brazos y gire como una peonza (con su cuerpo onírico, por supuesto). No importa si hace piruetas o gira como una peonza, como un niño o como una botella, siempre que sienta vivamente su cuerpo onírico en movimiento. No es lo mismo que imaginarse que gira; pues para que la técnica funcione debe sentir la sensación real de girar.

3. Mientras gira, recuérdese a sí mismo que lo siguiente que verá será probablemente un sueño.

Siga girando, recordándose constantemente a sí mismo que lo próximo que verá, tocará u oirá será probablemente un sueño.

4. Compruebe su estado siempre que parezca llegar a algún sitio.

Continúe girando hasta que se encuentre en un mundo estable. O bien seguirá soñando, o bien habrá despertado. Por tanto, haga una comprobación cuidadosa y crítica del estado en que se encuentra.

Es interesante tener en cuenta que con frecuencia el procedimiento de girar genera una nueva escena onírica que puede representar el dormitorio en el que duerme o algún otro lugar inusual. A veces la escena del sueño que se acababa de desvanecer se regenera en todo su vivo esplendor.

Mediante el recordarse constantemente que está soñando durante la transición del giro, usted puede mantenerse lúcido en la siguiente escena onírica. Sin este especial esfuerzo de atención, es probable que confunda el nuevo sueño con un despertar real.

Podría ocurrir un falso despertar si, al girar, siente que sus manos golpean la cama, y usted piensa: "Bien, debo de estar despierto, porque mi mano acaba de golpear la cama. Supongo que el girar no ha funcionado esta vez". Lo que debería pensar, por supuesto, es: "Dado que la mano que giraba y que golpeó la cama es una mano soñada, debe de haber golpeado una cama soñada. ¡Por tanto, sigo soñando!" No deje de comprobar críticamente su estado después de usar la técnica de girar.

¿Por qué el hecho de girar debería disminuir la probabilidad de despertar? Están involucrados diversos factores. Uno de ellos puede ser neurofisiológico. La información sobre el movimiento de la cabeza y del cuerpo, monitorizado por el oído interno (que le ayuda a mantener el equilibrio), está estrechamente integrada con la información visual del cerebro para producir una imagen óptima y estable del mundo. Debido a esta integración de la información, el mundo no parece moverse siempre que usted mueve su cabeza, incluso aunque se mueva la imagen del mundo de su retina.

Dado que las sensaciones de movimiento durante el hecho de girar en sueños son tan ciertas como las que se dan en los movimientos físicos reales, es probable que se activen en grado similar los mismos sistemas cerebrales en ambos casos. Una intrigante posibilidad es que la técnica de girar, al estimular el sistema cerebral que integra la actividad detectada en el oído medio, facilita la actividad de los cercanos componentes del sistema de sueño REM.

Otra posible razón de por qué girar puede ayudar a posponer el despertar, viene del hecho de que cuando usted imagina que percibe algo con un sentido y crece su sensibilidad a la estimulación externa de ese sentido. De ese modo, si el cerebro está ocupado por completo en producir la experiencia real de girar, generada internamente, será más difícil construir una sensación contradictoria basada en datos sensoriales externos.

¿Qué hacer si se despierta prematuramente?

Incluso si encuentra que, a pesar de sus mejores esfuerzos para mantenerse dormido, aún se despierta, no todo está perdido. Hágase el muerto. Si se mantiene perfectamente inmóvil al despertar de un sueño lúcido (o no lúcido) y relaja profundamente su cuerpo, hay una buena oportunidad de que el sueño REM se reafirme a sí mismo, y usted tendrá una oportunidad de entrar conscientemente en un sueño lúcido. Para algunas personas con una fuerte tendencia a mantenerse en sueño REM, esto sucede casi cada vez que se despiertan de un sueño hasta que deciden moverse. Alan Worsley es uno los más experimentados soñadores lúcidos del mundo. Lleva haciendo experimentos personales con los sueños lúcidos desde la edad de cinco años. Durante los años setenta fue la primera persona que hizo señales desde un sueño lúcido en experimentos. Worsley parece poseer esa feliz clase de fisiología, y ofrece el siguiente consejo a los soñadores que se acaban de despertar pero desean fuertemente regresar a sus sueños lúcidos: "¡No mueva un solo músculo! Relájese y espere. El sueño volverá". Él lo sabe muy bien, pues ha tenido docenas de sueños lúcidos en cadena con este método.

Prevenir la pérdida de lucidez: use el discurso interno para guiar su pensamiento.

Hemos usado el lenguaje para controlar nuestro pensamiento y nuestro comportamiento desde que aprendimos a hablar. Nuestros padres nos decían lo que teníamos que hacer y cómo hacerlo, y nos guiábamos por sus palabras. Cuando hacíamos esas cosas bajo nuestra propia dirección, repetíamos en voz alta las instrucciones de nuestros padres para recordarnos a nosotros mismos exactamente cómo, y qué, tratábamos de hacer. Ahora, habiendo incorporado por completo el papel de guía parental en nuestro interior, nos repetimos mentalmente las instrucciones cuando tratamos de llevar a cabo procedimientos nuevos y complicados.

También podemos usar directrices verbales de comportamiento consciente con el propósito de regular nuestro comportamiento en los sueños lúcidos (por ejemplo, para mantener la consciencia de que esto es un sueño). Hasta que "volver y mantenernos lúcidos" sea un hábito bien desarrollado, es muy probable que todos perdamos lucidez en el momento en que nuestra atención se disperse. En el momento en que tomamos demasiado interés en alguna faceta del sueño, la lucidez se desvanece. Si usted es un soñador lúcido principiante y tiene problemas para mantener la lucidez, una solución temporal es que se hable a sí mismo en sus sueños lúcidos. Recuérdese que está soñando y repita frases como "¡Esto es un sueño...! ¡Esto es un sueño...! ¡Esto es un sueño...!" o "¡Estoy soñando...! ¡Estoy soñando...! ¡Estoy soñando...!" Este auto recordatorio puede decirse "en voz alta" en el sueño si es necesario.

De otro modo es mejor decirlo mentalmente para evitar que la repetición se convierta en la característica predominante del sueño.

Sparrow recomienda el mismo procedimiento, aconsejando a los soñadores con lucidez poco firme "que se concentren en una afirmación que sirva como recordatorio constante de la naturaleza ilusoria de la experiencia". Él considera esencial que la afirmación (por ejemplo: "Todo esto es un sueño") se aprenda de memoria y se cultive en el estado de vigilia para que sea una ayuda efectiva en el estado de sueño.

Después de haber adquirido algo de experiencia, aprenderá a reconocer las situaciones en las que tiende a perder la lucidez y a encontrar que puede mantener su lucidez sin un esfuerzo consciente. Aprender a hacerlo puede suceder bastante rápido.

Despertar a voluntad

Una buena técnica, que puede sonar paradójica pero que es muy simple para despertarse a voluntad, sería: "Dormirse para despertar". Y así, cada vez que quieres despertar de un sueño lúcido, simplemente te tiendes en la cama, sofá o nube oníricos más a mano y "te duermes". El resultado más frecuente es que te despiertas inmediatamente, pero a veces sólo sueñas con que te despiertas, y cuando te das cuenta de que sigues soñando, tratas de despertar "de verdad" otra vez, a veces teniendo éxito inmediato, pero otras veces sólo después de una divertida secuencia de falsos.

Si el secreto de evitar un despertar prematuro es mantener una activa participación en el sueño, el secreto para despertar a voluntad es retirar la atención y la participación en el sueño. Piense, fantasee o retire de cualquier otro modo su atención del sueño, y es muy probable que despierte.

Pero nada podría proporcionar una ilustración mejor del principio de despertar retirando la atención del sueño que la fórmula de "dormirse para despertar". Después de todo, ¿qué significa dormir sino retirar la atención de lo que nos rodea? Otra forma de cesar su participación en el sueño es dejar de hacer los rápidos movimientos oculares tan crucialmente característicos del sueño REM. Paul Tholey ha experimentado con la fijación en un punto estacionario durante los sueños lúcidos. Encontró que fijar la mirada causa que el punto de fijación se haga borroso, seguido de una disolución de toda la escena onírica y un despertar dentro de entre cuatro y doce segundos. Señala que los sujetos experimentados pueden usar el estado intermedio de disolución de la escena "para formar el entorno onírico de sus propios deseos". La investigadora de los sueños Fariba Bogzaran describe una técnica muy similar llamada "enfoque intencional", en la cual se concentra en un objeto de su sueño lúcido hasta que recupera la consciencia de vigilia.

Sin embargo, estos ejemplos muestran que usar métodos para despertar puede llevar a falsos despertares. A veces los falsos despertares pueden ser más perturbadores que el sueño original del que usted trataba de escapar. En general, es probablemente mejor no tratar de evitar imágenes oníricas terroríficas mediante la huida al estado de vigilia. Un ejemplo de buen uso de las técnicas para despertarse a sí mismo a voluntad en los sueños lúcidos es despertarse mientras tiene en mente con claridad los eventos y las revelaciones del sueño.

Dos clases de control de los sueños:

Antes de que continuemos discutiendo las formas en las que puede ejercer su voluntad sobre las imágenes de sus sueños, consideremos los usos que puede hacer de su nueva libertad.

Cuando se enfrente con situaciones oníricas desafiantes, hay dos formas en que puede dominarlas. Una conlleva la manipulación mágica del sueño: controlarlos a ellos. Mientras que la otra forma implica autocontrol. Tal como sucede, la primera clase de control no siempre funciona, lo cual puede ser en realidad un falso regalo. Si hemos aprendido a resolver nuestros problemas en los sueños lúcidos por medio de cambiar mágicamente las cosas que no nos gustan, podríamos tener la esperanza equivocada de hacer lo mismo en nuestra vida de vigilia.

Generalmente, una aproximación más útil que se puede tomar con las imágenes desagradables de un sueño es controlarse a sí mismo. El autocontrol significa control sobre las reacciones habituales. Por ejemplo, si usted tiene miedo y huye incluso aunque sabe que debería encarar su miedo, no está controlando su comportamiento. A pesar de que los eventos que parecen tener lugar en los sueños son ilusorios, nuestros sentimientos como respuesta son reales. Así pues, cuando usted tiene miedo en un sueño y se da cuenta de que es un sueño, su miedo puede que no se desvanezca automáticamente. Aún tiene que encargarse de él; ésta la razón por la que los sueños lúcidos constituyen una práctica tan beneficiosa para nuestras vidas de vigilia. Somos libres de controlar nuestras respuestas frente al sueño, y lo que quiera que aprendamos al hacerlo se aplicará rápidamente a nuestras vidas de vigilia. De tal forma que si a usted le gustaría aumentar su confianza en sí mismo, lo mejor no sería controlar el sueño, sino controlarse a sí mismo.

Volar

Los sueños de vuelo y los sueños lúcidos están estrechamente relacionados de muchas formas. En primer lugar, si se encuentra usted alguna vez volando sin ayuda de un avión o cualquier otro aparato razonable, está experimentando una buena señal onírica. En segundo lugar, si alguna vez sospecha que está soñando, tratar de volar es a menudo una buena forma de comprobar su estado. Y si quiere visitar los rincones lejanos del globo o las distantes galaxias en sus sueños lúcidos, volar es un excelente medio de transporte.

Si piensa que está soñando, aléjese del suelo y vea si puede flotar en el aire. Si está bajo techo, después de volar por la sala, busque una ventana. Salga por la ventana y gane altitud. Curiosamente, bastantes soñadores, han informado que a veces encuentran un obstáculo con forma de líneas eléctricas que impiden su paso. Algunos de esos oníronautas comentan encontrarse con una fuente de energía, a menudo acompañada de explosiones de luz, cuando vuelan a través de las líneas de electricidad. Más allá de esa barrera los oníronautas han volado alrededor de la tierra, hacia otros planetas, estrellas y galaxias distantes, e incluso a reinos míticos como Camelot o Shangri-la.

Volar es una forma divertida y, por tanto, que merece la pena de aplicar por el mero disfrute, incluso si usted no está resuelto a alcanzar un destino específico. La gente parece ser capaz de volar de cualquier forma imaginable. Mucha gente vuela "estilo Superman", con sus brazos extendidos delante de ellos. También es común "nadar" por el aire, probablemente debido a que la experiencia más parecida a volar en el aire es "volar" en el agua. Otros hacen brotar alas de sus espaldas o de sus talones, agitan sus manos o como van jinetes sobre cajas de cereales impulsados por reactores, alfombras voladoras o cómodos sillones supersónicos.

Una forma de desafiarse a usted mismo y comenzar a volar es saltar de edificios o acantilados altos. La caída incontrolada es un tema común en las pesadillas.

Amplíe sus sentidos oníricos

La mayor parte de la gente se asombra de descubrir que están soñando. El asombro proviene de darse cuenta de que se han estado engañando a sí mismos de un modo colosal. Definitivamente es una sorpresa, en especial la primera vez, descubrir que sus sentidos, de ordinario fiables, le están transmitiendo un retrato absolutamente impecable de un mundo que no existe fuera del sueño. De hecho una de las características más comunes de los sueños lúcidos es una sensación de hiperrealismo que se da cuando usted echa un vistazo alrededor en el sueño y ve los maravillosos y elaborados detalles que su mente puede crear.

Los soñadores lúcidos principiantes a menudo notan una marcada y placentera agudización de los sentidos, en particular del sentido de la vista. El oído, el olfato, el tacto y el gusto se pueden intensificar al instante si usted ha encontrado el mando del volumen de sus sentidos y lo ha subido una pizca. Pruébelo. Juegue con sus sentidos, uno cada vez, al explorar el mundo de los sueños. Durante la vida diaria todos tenemos buenas razones para "apagar" nuestros sentidos de modo que podamos concentrarnos en acabar nuestras tareas. En sus sueños, sin embargo, usted puede aprender a subirles el volumen y bajárselo de nuevo.

Los sentidos son instrumentos maravillosos para proporcionarnos datos acerca de los eventos de dentro y fuera de nuestros cuerpos. Nuestros cerebros estructuran estos datos dentro de los modelos del mundo que experimentamos. Todos hemos aprendido a pensar, percibir, creer y modelar el mundo de un cierto modo, y la mayor parte de este aprendizaje empezó a tener lugar cuando éramos niños. El proceso de modelar el mundo era automático mucho antes de que pudiésemos pensar en ello. Por tanto, es para nosotros una sorpresa descubrir en los sueños lúcidos que el drama que percibimos como real podría ser sólo una especie de decorado, y que todas las personas en él no son sino construcciones mentales. Sin embargo, una vez que nos acostumbramos a esta noción, es natural y gratificante comenzar a tomar control consciente de nuestros sentidos en el estado de sueño.

Un interesante ejercicio, sería el de la televisión onírica:

Antes de acostarse programe su mente para recordar este experimento. Cuando alcance la lucidez, encuentre o cree un televisor grande, de resolución ultra-alta, con sonido envolvente. Póngase cómodo. Enciéndala. Encuentre los mandos del volumen, del brillo y del color, y experimente con ellos despacio. Suba y baje el sonido. Cambie el color. Cuando la imagen esté bien, imagine que el aroma de su comida favorita sale directamente del tubo de imagen. Si tiene hambre, deje que se materialice. Pruebe una muestra. Haga aparecer almohadas de terciopelo y pijamas muy suaves. Ponga a trabajar todos los sentidos. Observe lo que pasa en su mente al ajustar el mando del color o del contraste en su monitor de televisión que modela el mundo.

Manipular los sueños lúcidos

Emprender la acción en sueños puede significar varias cosas: usted puede dar órdenes a los personajes, o manipular el decorado como en los ejemplos citados arriba, o puede decidir explorar parte del entorno onírico, actuar en una escena en particular, invertir el escenario del sueño o cambiar el argumento. Sin embargo, como se explicó arriba, el mayor beneficio de los sueños lúcidos puede venir no de ejercer el control sobre los sueños, sino de tomar el control sobre sus propias reacciones ante las situaciones oníricas, pues el experimentar con las diferentes clases de control de los sueños puede ampliar sus poderes y su aprecio por la lucidez. Paul Tholey menciona diferentes técnicas para manipular los sueños lúcidos: manipulación antes de dormir mediante la intención y la autosugestión, mediante el deseo, mediante el estado interior, mediante la mirada, mediante la voz, con ciertas acciones, y con la ayuda de otros personajes oníricos.

La intención y la autosugestión pueden influir en los sueños. La manipulación mediante el deseo está ampliamente ilustrada por los onironautas que se transportan y cambian el mundo de los sueños simplemente deseando que suceda. La manipulación mediante el estado interior es particularmente interesante. Sobre esto, refiriéndose a sus propios hallazgos mediante la investigación, dice Tholey: "El entorno de un sueño está fuertemente condicionado por el estado interior del soñador. Si el soñador se enfrenta con coraje a una figura amenazadora; en general su naturaleza amenazadora disminuye gradualmente y la figura misma comienza a encogerse. Si, por otra parte, el soñador se permite ser vencido por el miedo; la naturaleza amenazadora de la figura onírica se incrementa y la figura misma comienza a crecer".

La manipulación por medio de la mirada representa una parte importante en el modelo de Tholey de las actividades apropiadas en los sueños lúcidos. Cita su propia investigación como apoyo a la hipótesis de que las figuras oníricas pueden ser privadas de su naturaleza amenazadora mirándolas directamente a los ojos. La manipulación por medio de la voz se explica de este modo: "Uno puede influir considerablemente en la apariencia y el comportamiento de las figuras oníricas dirigiéndose a ellas del modo apropiado. Las figuras de desconocidos se han convertido de este modo en individuos familiares. Evidentemente, la disposición interna a aprender algo sobre sí mismo y sobre la situación de uno mismo mediante el sostenimiento de una conversación con una figura onírica le permite a uno alcanzar el máximo nivel de lucidez en el sueño: lucidez sobre lo que simboliza el sueño".

Girar, volar y mirar al suelo son ejemplos de manipulación mediante ciertas acciones: estas son acciones que estabilizan, potencian o prolongan la lucidez. Otras figuras oníricas pueden ser capaces de ayudarle a manipular los sueños para encontrar respuestas, resolver dificultades o simplemente pasarlo bien. Reconciliarse con los personajes amenazadores puede ayudarle a alcanzar un mejor equilibrio y autointegración.

Trasladarse en sueños

En un nivel más básico, para sacar el máximo provecho a la lucidez necesita saber cómo moverse en el mundo de los sueños. Para muchas aplicaciones de los sueños lúcidos, usted puede desear o necesitar encontrar un lugar, una persona o una situación en particular. Una forma de obtener esto es motivándose a soñar acerca de un tema de su elección. Esto se denomina a menudo "incubación de sueños". Es un procedimiento utilizado a lo largo de la historia en culturas que consideraban los sueños como fuentes valiosas de sabiduría. Sin ir más lejos, en la antigua Grecia la gente visitaba los templos del sueño para encontrar respuestas o curaciones.

Los templos del sueño probablemente no son necesarios para la incubación de sueños, a pesar de que en verdad podrían haber ayudado a los durmientes a enfocar sus mentes en su propósito. Esta es la clave: asegúrese de que tiene en mente con firmeza su problema o su deseo antes de dormirse. Para hacerlo es útil elaborar una única frase sencilla que describa el tema sobre el que pretende soñar. Debido a que, usted está tratando de inducir sueños lúcidos, necesita añadir a su concentración la intención de volverse lúcido en el sueño. Entonces pone toda su energía mental en concebir un sueño acerca del tema. Su intención debe ser la última cosa en la que piense antes de dormirse. Para ello, el siguiente ejercicio le guía en el proceso.

Ejercicio: incubación de sueños lúcidos

1. Formule su intención.

Antes de irse a la cama, elabore una sencilla frase o pregunta que condense el tema sobre el que quiere soñar: "Quiero visitar Las Pirámides de Egipto". Escriba la frase y, tal vez, haga un dibujo que ilustre la cuestión. Memorice la frase y el dibujo (si hizo uno). Si tiene alguna acción específica que le gustaría llevar a cabo en su sueño deseado ("Quiero decirle a mi amiga que la quiero"), asegúrese de formularla ahora. Debajo de su frase objetivo, escriba otra que diga: "Cuando sueñe con la frase, recordaré que estoy soñando".

2. Acuéstese.

Sin hacer nada más, váyase a la cama inmediatamente y apague la luz.

3. Concéntrese en su frase y su intención de hacerse lúcido.

Recuerde la frase o la imagen que dibujó. Visualícese a sí mismo soñando sobre el tema y haciéndose lúcido en el sueño. Si hay algo que quiere hacer en el sueño, visualícese también haciéndolo una vez que ya está lúcido. Medite en la frase y en su intención de volverse lúcido en el sueño que trate el tema hasta que se quede dormido. No permita que ningún otro pensamiento se interponga entre pensar en su tema y dormirse. Si sus pensamientos se extravían, tan solo vuelva a pensar en su frase y en volverse lúcido.

4. Persiga su intención en el sueño lúcido.

Lleve a cabo su intención cuando esté en un sueño lúcido sobre su tema. Haga la pregunta que quiera hacer, busque formas de expresarse, ensaye un nuevo comportamiento o explore su situación. Asegúrese de tomar nota de sus sentimientos y observe todos los detalles del sueño.

5. Cuando haya alcanzado su meta, recuerde despertarse y recordar el sueño.

Cuando obtenga una respuesta satisfactoria en el sueño, use uno de los métodos ya sugeridos sobre cómo despertarse. Anote inmediatamente al menos la parte del sueño que incluya su solución. Incluso si no cree que el sueño lúcido ha respondido a su pregunta, una vez que aquel comience a desvanecerse despiértese y escriba el sueño. Puede encontrar, tras reflexionar, que su respuesta estaba oculta en el sueño y que no la vio en el momento.

Crear nuevos escenarios

Otra forma de soñar con cosas en particular es buscarlas para que aparezcan mientras se encuentra en un sueño lúcido. Sin duda alguna también podemos encontrar objeciones a la noción de influir deliberadamente en el contenido de los sueños. Algunos creen que el estado de sueño es alguna clase de "tierra virgen" psicológica que debe dejarse salvaje. Sin embargo, los sueños emergen a partir de sus propios conocimientos, prejuicios y expectativas, tanto si está usted consciente de ellos como si no. Si altera conscientemente los elementos de su sueño, esto no es algo artificial; es tan solo el mecanismo ordinario de producción de sueños operando en un nivel superior de procesamiento mental. Los sueños pueden ser fuentes de inspiración y autoconocimiento, pero usted también puede usarlos para buscar conscientemente respuestas a problemas, y para el cumplimiento de los deseos de la vigilia.

Cambiar las escenas de un sueño a voluntad puede también ayudarle a conocer el poder absoluto de crear ilusiones que se encuentran a su disposición.

El sentido aumentado de dominio sobre el sueño, adquirido mediante el conocimiento de que usted puede manipularlo si lo desea, le dará la confianza de viajar sin temor a dondequiera que el sueño le lleve. Su poder aquí es precisamente tan grande como usted pueda imaginar que lo es. Puede cambiar el color de sus calcetines, pedir una repetición de la puesta de sol o viajar hacia otro planeta, simplemente deseándolo. Aquí tiene unos cuantos ejercicios con los que puede experimentar para tratar de dirigir sus sueños. No se sabe mucho acerca de la mejor manera de lograr cambios de escenas en sueños, así que tómese los siguientes ejercicios como sugerencias y después desarrolle su propio método.

Girar para entrar en un nuevo escenario onírico:

Girar durante el curso de un sueño lúcido puede hacer más por usted que el mero evitar despertarse prematuramente. También puede ayudarle a visitar cualquier escenario onírico que usted guste. Aquí tiene cómo hacerlo.

Ejercicio: girar hacia un nuevo escenario onírico:

1. Seleccione un objetivo.

Antes de irse a dormir, decida sobre una persona, época y lugar que le gustaría "visitar" en su sueño lúcido. La persona y el lugar objetivos pueden ser tanto reales como imaginarios, pasados, presentes o futuros.

2. "Resuelva" visitar su objetivo.

Escriba y memorice su frase objetivo; después visualícese de forma muy real, visitando su objetivo y resuelva firmemente hacerlo en un sueño esa noche.

3. Gire hacia su objetivo en su sueño lúcido.

Es posible que sólo mediante la intención pueda usted encontrarse en un sueño no lúcido que represente su objetivo. Sin embargo, una forma más fiable de alcanzar su objetivo es hacerse lúcido y después buscar su meta. Cuando esté en un sueño lúcido en el punto en que las imágenes comienzan a desvanecerse y sienta que está a punto de despertarse, entonces gire, repitiendo su frase objetivo hasta que se encuentre en una escena onírica real, y tal vez encuentre allí a su persona, época y lugar objetivos.

Ejercicio: desmonte el escenario, cambie de canal:

Piense en esto como lo contrario de la clase de transporte mágico que conlleva girar y volar. En lugar de mover su yo onírico hacia un lugar nuevo, exótico, simplemente cambie el entorno de su sueño para que encaje con sus fantasías. Comience con un pequeño detalle y luego haga cambios más importantes. Cambie el escenario primero despacio y después a lo loco. Piense en todo lo que ve como si fuese "arcilla de modelar de la mente" infinitamente maleable. Algunos oironautas han desarrollado sueños sobre el ejemplo de la televisión onírica. Así, cuando quieren cambiar el decorado, imaginan que el sueño tiene lugar en una pantalla de televisión enorme y tridimensional, y que ellos tienen el mando de la tele en la mano.

Hacer lo imposible

En la vida de vigilia estamos acostumbrados a las restricciones. Para casi cada cosa que hacemos hay reglas sobre cómo actuar, cómo no actuar y qué es razonable intentar. Una de las características encantadoras del sueño lúcido más comúnmente citadas es la gran libertad que nos proporciona. Cuando la gente se da cuenta de que está soñando, de pronto se sienten libres de restricciones, a menudo por primera vez en sus vidas. Pueden hacer o experimentar cualquier cosa.

En sueños puede experimentar sensaciones o vivir fantasías que no son probables en vigilia. Puede hacer amistad con un personaje fantástico. Pero también puede usted ser ese personaje. Los soñadores no están limitados a sus acostumbrados cuerpos. Usted puede apreciar un bello jardín. O puede ser una flor. Muchos onironautas atraviesan paredes, respiran agua, vuelan y viajan al espacio exterior. Olvide sus criterios normales; busque la clase de cosas que sólo puede hacer o ser en sueños.

CUMPLIMIENTO DE DESEOS

El aspecto de satisfacción de deseos que presentan los sueños está profundamente incrustado en nuestra forma de hablar: pues hablamos del "hombre de tus sueños", o "la casa de tus sueños", y decimos "que tus sueños más preciados se hagan realidad". Estas metáforas muestran que en nuestros corazones sabemos que los sueños son diferentes del mundo de vigilia en, al menos, un importante sentido: en sueños uno puede vivir sus más salvajes fantasías, ver cumplidos sus más deliciosos deseos y experimentar la perfección y la alegría incluso cuando esas satisfacciones no son posibles en su vida de vigilia.

En sueños los mutilados pueden andar y los ancianos pueden ser tan jóvenes como deseen. Todo el mundo puede sentirse satisfecho, no importa cómo de imposibles puedan parecer sus deseos en la vida de vigilia. La experiencia de la satisfacción de los deseos no es la misma que si se viven los mismos hechos en vigilia, y aun así las sensaciones no son menos intensas y placenteras cuando uno sabe que es "solo un sueño".

Cuando usted comienza a dar forma a sus sueños, la satisfacción de deseos es algo natural que perseguir. Vuelos dichosos sobre bellos campos, cualquier otra experiencia agradable que pueda usted imaginar son posibles en el estado de sueño lúcido.

Adelante, dese el gustazo con estas delicias si así lo desea. Es bueno para usted. Divertirse por el mero placer de hacerlo resulta beneficioso de muchas formas. Los psicólogos y los médicos encuentran que el placer y el disfrute a diario son buenos para su salud. Los educadores también se están dando cuenta de que cuando las tareas son divertidas son más fáciles de aprender.

Algunas personas pueden aducir que no tienen tiempo para divertirse. Pero mientras tenga usted tiempo para dormir, lo tendrá para disfrutar en sus sueños. Aprendiendo a tener sueños lúcidos usted se abre a un parque de atracciones ilimitado lleno de todas las delicias que pueda imaginar.

Si dedica algo de tiempo a jugar y obtener placer en sus sueños lúcidos, puede aprender a volverse más experto con ellos. Una vez que haya aprendido a tener sueños lúcidos cada vez que quiera, poseerá un modo de mejorar su vida de muchas formas.

Sexo onírico

Como podía esperar en una tierra de completa libertad, el sexo es un tema muy común en los sueños lúcidos de mucha gente.

En la mayoría de los casos se produce ante una situación agobiante, y su respuesta suele ser de desahogo ante algo complicado y a veces desesperante.

Explorar y observar de cerca la realidad de los sueños:

Explorar los sueños lúcidos ofrece muchas delicias y recompensas. El mundo de los sueños lúcidos es fascinante, y en constante cambio, con muchas vistas de belleza sobrecogedora en las que por lo general suceden lo imposible y lo inesperado. Es, al menos, tan interesante y gratificante de explorar como cualquier lugar del mundo de vigilia que un viajero podría querer visitar. De hecho, el mundo de los sueños lúcidos ofrece varias ventajas: no cuesta nada llegar allí, excepto un pequeño esfuerzo y, al contrario que en las ciudades que uno visita, nunca lo verá todo. Además, nunca se mareará en barco, esperará horas en los aeropuertos ni le robarán las maletas.

El viaje en sueños lúcidos está garantizado que será seguro y, para la mayoría de las personas, casi siempre será agradable. No estamos diciendo que los soñadores lúcidos no tengan que encarar a veces situaciones exigentes, generadoras de ansiedad, sino que mientras sufren experiencias espeluznantes y totalmente realistas (por ejemplo ser perseguidos por demonios, asesinos con hachas u otros monstruos), se encuentran en realidad a salvo en sus camas. Hagan lo que hagan en sus sueños lúcidos, pronto se encontrarán a salvo de vuelta al mundo físico. Si, por ejemplo, usted trata infructuosamente de evitar un peligro soñado, puede despertarse bañado en sudor pero físicamente ileso. Mejor aún, si trata de usar su lucidez para ayudarle a encarar y vencer miedos, despertará triunfante e inspirado.

"Viajar abre la mente" porque lleva a las personas hacia situaciones nuevas y desafiantes, fuera de su habitual mundo normal y limitado. El sueño lúcido presenta muchas oportunidades para abrir la mente. Explorar sus sueños intrépidamente con una mente abierta, a la fuerza elevará su conocimiento tanto de sí mismo como de los demás. Como dijo Goethe, "Si quieres conocerte a ti mismo, observa el comportamiento de los demás. Si quieres comprender a los otros, mira en tu propio corazón". Hay mucho que aprender mediante el sueño lúcido. Si usted es sensible y atento en sus observaciones, puede que descubra un gran tesoro en el curso de la exploración de su mundo de los sueños (y hasta podría encontrarse incluso a usted mismo).

Otro beneficio de la exploración y el examen, observadores de la realidad de los sueños, es que puede ayudarle a conocer mejor sus sueños. Como resultado, usted reconocerá las señales oníricas con más facilidad, lo cual le ayudará a volverse lúcido con más frecuencia. La experiencia le enseñará cómo evitar malentendidos con respecto a la diferencia entre soñar y estar despierto.

Al observar, mientras está lúcido, cómo de real puede parecer el mundo de los sueños, es menos probable que cometa el error de aceptar que "ver es creer" y que la viveza del sueño tiene algo que ver con la realidad de una experiencia. En lugar de eso usted aprenderá a distinguir entre ambos mundos familiarizándose con las características que los diferencian, pues en los sueños todo es mucho más transitorio que en la vida de vigilia. Incluso personajes fallecidos o imaginarios aparecen entre los vivos.

Ejercicio: cómo hacer el guion de su propia aventura:

Cuando suceda algo nuevo, algo que no estaba en el original, sígalo y vea adónde va. Si se cansa de experimentar escenarios conocidos, diseñe uno sencillo de su cosecha cuando esté despierto. Concéntrese en él antes de irse a dormir y vea si puede "producirlo" como si fuera una película cuando se vuelva lúcido.

El sueño del héroe

Las fantasías y las aventuras pueden operar en muchos niveles de la mente. En el nivel más bajo, satisfacen nuestras necesidades de excitación y cumplimiento de deseos. Sin embargo, también pueden ayudarnos a enfocarnos en nuestras metas, crear futuros para nosotros y para el mundo y, en el nivel más alto, modelar la búsqueda de la verdad y el sentido de la vida.

Ejercicio: usted es el héroe

Piense en una historia de un héroe que le atraiga. Puede usar la estructura de un mito clásico o una historia, o puede inventar la suya propia basada en el patrón descrito arriba. Escríbala con frases sencillas. Lea el guion antes de irse a dormir. Así, la próxima vez que logre la lucidez, recuerde su guion y comience su búsqueda.

ENSAYO PARA LA VIDA

Sueños lúcidos y alto rendimiento:

Hay sueños en los que el cuerpo y la mente parecen operar juntos al máximo de su capacidad. La investigación sobre cómo cultivar el alto rendimiento sugiere que el sueño lúcido puede revelarse como un área de entrenamiento ideal, no solo para el atletismo, sino también para cualquier área en la que se pueda desarrollar una habilidad.

Los atletas están ya preparados, tanto mental como física-mente, para rendir. Puesto que el interés en el alto rendimiento se ha extendido desde la psicología del deporte a los negocios. Los hombres de negocios han descubierto que la práctica mental puede elevar los niveles de competencia en el trabajo así como en el terreno de juego. El yoga, la respiración y la meditación se han empleado con éxito para el logro tanto material como espiritual. Incluso ha habido grandes mejoras en el rendimiento mediante el uso controlado de las imágenes mentales, y su posterior ensayo.

El sueño lúcido es un tipo muy poderoso de imaginería mental. Las imágenes mentales en vigilia son impresiones sensoriales débiles que se parecen a la experiencia real; pero no son tan reales. Los sue-ños son imágenes mentales de una viveza por completo convincente. Mientras está en un sueño, usted puede coger una manzana onírica y estar absolutamente seguro de que se está comiendo realmente una manzana. Si se vuelve lúcido, tiene el poder de darse de cuenta de que las manzanas oníricas, a pesar de su aparente realidad, no son reales (pues no le llenan el estómago). Sin embargo, este "darse cuenta" no disminuye la viveza de la experiencia.

Los sueños son el tipo de imaginería mental más vívida que la mayoría de las personas puede experimentar. Cuanto más se experimenta el ensayo mental de una destreza como la cosa real, mayor será el efecto que tenga sobre la actuación en vigilia. Debido a esto, el sueño lúcido, en el que podemos hacer uso consciente de las imágenes oníricas, es probable que sea incluso más útil que las imágenes mentales de vigilia como herramienta para el aprendizaje y la práctica de habilidades.

La práctica mental:

Mientras que la idea del ensayo mental como forma de refinar las destrezas motoras fue una hipótesis radical en su momento, la investigación en esta área ha florecido hoy como un rico campo multidisciplinario. Los estudios han revelado que se pueden aprender nuevas habilidades hasta cierto punto; sólo pensando en ejercitarlas. El aprendizaje mejora cuando se combinan la práctica física y la mental.

¿Cómo es posible que el mero imaginarse hacer algo ayude a hacerlo mejor en la realidad? Recuerde aquel trabajo de laboratorio que muestra que cuando la gente sueña en realizar una acción, como cantar… sus cuerpos y sus cerebros responden como si lo estuvieran haciendo realmente, con la excepción de que sus músculos se mantienen paralizados por el proceso REM. En apariencia, los impulsos neuronales desde el cerebro hasta el cuerpo siguen activos y son bastante similares, si no idénticos, a los que acompañan a los mismos actos en vigilia.

Del mismo modo, los investigadores de las imágenes mentales han encontrado que hay eventos imaginados vivamente que producen una actividad nerviosa en nuestros músculos similar a la producida por la ejecución física del evento. Por ejemplo, Richard Suinn monitorizó la actividad eléctrica en las piernas de un corredor de esquí alpino al revivir mentalmente un descenso. Encontró que los músculos del esquiador exhibieron actividad en una secuencia que se correspondía con la disposición del descenso, mostrando más actividad en las veces en que el esquiador imaginaba hacer giros o atravesar secciones más abruptas. El ensayo imaginario puede funcionar para mejorar destrezas motoras al fortalecer los caminos neuronales usados para provocar los patrones de movimiento que se requieren para esa destreza.

Hay, sin embargo, una diferencia importante entre la acción soñada y la acción imaginada. Cuando estamos despiertos, los impulsos neuronales creados mediante la imaginación de una acción deben ser atenuados de algún modo para evitar que ejecutemos lo que estamos imaginando. Si no fuese así, piense en lo que sucedería cada vez que fantasease con hacer algo (pongamos por caso, en un día caluroso, mientras está sentado en su mesa de despacho, piensa en lo agradable que sería zambullirse en un lago). Si los mensajes neuronales causados por su acción fantaseada fueran tan fuertes como los evocados cuando usted realmente tiene la intención de zambullirse, es probable que se rompiera el cuello como resultado de su intento de zambullirse desde la mesa de despacho. Mientras soñamos, nuestros músculos están activamente inhibidos de movimiento por el proceso REM mediante un camino neuronal diferente al que transmite las órdenes para actuar. Los mensajes neuronales a nuestros músculos en sueños pueden ser tan fuertes como lo son cuando estamos despiertos. La evidencia de la presencia de mensajes intactos, con toda su fuerza, desde el cerebro hasta los músculos en sueño REM, viene sorprendentemente del estudio de los gatos. El investigador francés Michel Jouvet bloqueó el proceso que causa la parálisis durante el REM en los gatos. Encontró que entonces los gatos se movían en REM como si estuviesen ejecutando los actos de sus sueños.

Así pues, los sueños lúcidos pueden ser más poderosos que las imágenes mentales de vigilia para el desarrollo de la destreza motora, no solo debido a viveza de las imágenes, sino también debido a que la naturaleza fisiológica del sueño REM es ideal para establecer patrones neuronales sin que haya movimientos reales. Mediante las imágenes, o los sueños lúcidos, los atletas pueden incluso practicar movimientos para los que sus cuerpos no están aún preparados físicamente, estableciendo modelos neuronales y mentales para las destrezas; de este modo los modelos del movimiento estarán preparados cuando los músculos lo estén.

Otra base para la utilidad de la práctica mental es la idea de "codificación cognitiva". Las habilidades más complicadas requieren la construcción de un mapa consciente de la habilidad, además del establecimiento de caminos neuronales que faciliten un movimiento. Esto se denomina "aprendizaje simbólico". La teoría del aprendizaje simbólico propone que un ensayo con imágenes mentales puede ayudarle a codificar la secuencia de movimientos involucrada en su habilidad. Por ejemplo, un nadador podría codificar la secuencia correcta para nadar al estilo mariposa pensando: "brazada, respirar, patada, brazada, respirar, patada..." Usando imágenes mentales usted puede establecer símbolos en su mente antes de realizar los movimientos reales. Así se pueden utilizar fácilmente los sueños lúcidos para este propósito, de nuevo debido a la viveza de la experiencia soñada.

Mejorar las habilidades físicas mediante los sueños lúcidos:

Paul Tholey, psicólogo deportivo, afirma que "las destrezas sensomotoras que ya se han dominado en líneas generales pueden ser optimizadas usando los sueños lúcidos". Si usted sabe más o menos cómo manejar un par de bates con las dos manos sin que se le caigan, saltar a la comba o hacer malabarismos con tres pelotas, entonces la práctica en sueños lúcidos puede ayudarle a hacerlo mejor.

Además, Tholey propone que se puede aprender nuevas destrezas sensomotoras utilizando los sueños lúcidos.

De acuerdo con Tholey, una vez que se ha aprendido una técnica o habilidad, puede usarse el sueño lúcido para perfeccionar las rutinas antes de la ejecución. Además, sugiere que los atletas, especialmente los que practican deportes de riesgo, deberían ir un paso más allá y practicar acciones óptimas en sueños lúcidos para adquirir flexibilidad de acción frente a situaciones inusuales o estresantes.

Más adelante Tholey afirma que el sueño lúcido puede afectar al rendimiento mediante la mejora del estado psicológico del atleta: "Al cambiar la estructura de la personalidad, el sueño lúcido puede llevar a un mejor rendimiento y a un nivel más elevado de creatividad en el deporte". La clave, en opinión de Tholey, consiste en cambiar de una perspectiva personal centrada en el ego, que él piensa que lleva a una distorsión de la percepción, a una perspectiva personal orientada hacia la situación, más flexible y receptiva. El esquiador que piensa en vencer a su oponente tiene más posibilidades de perder el equilibrio cuando golpea un montículo que el que ha aprendido a relajarse, prestar atención al terreno y reaccionar ante lo inesperado de forma fluida. Tholey remarca que este cambio desde la perspectiva centrada en el ego, a la centrada en la situación, es aplicable a la vida más allá del deporte.

Ejercicio: ensayo en sueños lúcidos:

1. Afirme su intención antes de acostarse.

Durante el día y en la noche, antes de la hora de acostarse, piense en la habilidad que le gustaría practicar en sueños lúcidos. O practíquela realmente durante el día y fíjese en los problemas sobre los que necesita trabajar. Piense en cómo sería la sensación de hacerlo de la forma correcta. Si puede, estudie las demostraciones de los expertos o maestros en su habilidad. Mientras practique, piense o estudie, recuérdese a sí mismo qué quiere practicar esa noche en un sueño lúcido.

2. Induzca un sueño lúcido.

Visualícese a sí mismo volviéndose lúcido, y véase practicando su deporte o habilidad.

3. Establezca el entorno para sus prácticas.

Cuando se encuentre en un sueño lúcido, primero asegúrese de que todo está listo para sus prácticas. Si necesita cambiar su entorno, hágalo (viaje hasta el gimnasio o el terreno de juego, o cree uno a su alrededor). Sin embargo, recuerde que puede que no necesite ir a un lugar especial solamente porque lo haga cuando está despierto. Puede bailar igualmente en una azotea o en un estudio.

4. Practique buscando lo mejor.

¡Practique! Cada vez que ejecute su habilidad concéntrese en alcanzar la perfección. Recuerde a un maestro, en su habilidad, cuando esté practicando, y trate de copiar la sensación que tendría si usted lo hiciese así. La práctica en sueños lucidos es ideal para trabajar con la sensación de la destreza, ver cómo todo encaja, y ejecutarla con fluidez.

5. Rompa las ataduras de su potencial.

En un sueño lúcido usted puede ir más allá de lo que sabe que puede hacer. Cuando haya experimentado cómo se siente al ejecutar las habilidades que conoce a la perfección, pruebe con destrezas más avanzadas, incluso cosas que nunca antes haya probado. Recuerde que no puede lesionarse desgarrándose ningún músculo, agotarse en exceso ni cometer un error de juicio, porque sus músculos no se están moviendo en realidad. Usted podría ser capaz de obtener en su sueño la sensación de una nueva habilidad, y esto le prepararía para aprenderla con más rapidez cuando esté despierto.

Ensayo para la vida:

Los sueños lúcidos pueden usarse para ensayar cualquier cosa en la vida. Al igual que en los deportes, podemos establecer por anticipado patrones de acción y comportamiento que nos permitan actuar de forma más fluida cuando llegue la hora del evento real. Podemos ensayar actuaciones específicas anticipadas, tales como un examen oral, un paso de baile, una reunión con un influyente grupo de negocios, una operación quirúrgica o una discusión difícil con una persona a la que quiere.

La siguiente sección presenta otra aplicación de la práctica en sueños lúcidos de la habilidad que tenga que realizar.

Reducir la ansiedad escénica:

Aprender una habilidad a veces no es suficiente. A menudo hay que aprender a actuar delante de un público. La mayoría de la gente se pone, al menos, un poco nerviosa ante el hecho de estar delante de un público. Muchos quedan prácticamente paralizados ante la perspectiva de hacer una presentación en el trabajo o un discurso en una cena de homenaje, o aparecer públicamente en una actuación atlética o artística.

Ejercicio: tocar el piano para un público onírico:

1. Afirme su intención antes de acostarse.

Durante el día piense en lo que quiere hacer en su sueño lúcido. Si puede, practique su actuación, (su concierto, baile, o lo que sea). Al hacerlo, recuérdese a sí mismo que quiere actuar delante de un público esa noche, en su sueño lúcido. Si no puede practicar, imagine su actuación y véase actuando esa noche en un sueño lúcido.

2. Induzca un sueño lúcido y vaya a su escenario.

Utilice su propia técnica para la inducción de sueños lúcidos. Cuando se haga lúcido, acuda a la sala de conciertos o a la sala de reuniones donde tenga lugar su temida actuación. Si no puede llegar allí en el sueño, trate de prepararse para actuar allá donde esté.

3. Acostúmbrese al público.

Mire al público que está a su alrededor. Si parece poco amistoso, recuerde que éste es el resultado de sus expectativas de desastre causadas por su ansiedad escénica. Sonría al público y deles la bienvenida. Si lo hace con sinceridad, casi con toda seguridad se volverán amistosos. En cualquier caso, no tiene necesidad de temer su crítica o lo que pensarán de usted por la mañana (después de todo, no estarán allí). Pero en su sueño lúcido pueden ayudarle a rendir al máximo de su capacidad.

4. Actúe.

Haga su actuación, dé su discurso, toque su partitura de piano, o lo que sea. ¡Disfrute al hacerlo!

Como consejo, tenga en cuenta que si hace todo lo anterior, y aun así tiene dificultades con la idea de estar delante de un público, pruebe esta variación: Esté solo en el escenario. Concéntrese en sentirse relajado y sin presiones. Entonces piense en la persona no amenazadora ideal sentada en la última fila (un amigo de confianza, o tal vez usted mismo). Llene la última fila con otras personas no amenazadoras. Cuando la casa esté llena de buen público, que le aprecia y quiere, creado por usted, entonces póngase al piano, violín, o pala de pádel, y toque, o juegue, (o incluso actúe si es actor), con todo su corazón.

Incrementar la confianza en sí mismo en sueños y en la vida de vigilia:

Tendemos a intentar sólo lo que pensamos que podemos hacer, que es generalmente menos de lo que somos capaces. Los sueños lúcidos nos proporcionan una forma de expandir nuestra creencia en nuestro propio potencial: podemos someter a prueba, sin riesgos, nuevos comportamientos mientras soñamos, y el incremento de la confianza en sí mismo hará más fácil llevar a cabo los mismos comportamientos en la vida de vigilia.

Albert Bandura, un eminente psicólogo, ha propuesto lo que él llama la teoría cognitiva social para explicar determinadas funciones humanas, como nuestro comportamiento, nuestra experiencia y lo que pasa dentro de nuestras cabezas. Y han demostrado ser muy útiles para los soñadores lúcidos, debido a que ofrecen una explicación clara de por qué las acciones en sueños pueden tener efectos reales en la personalidad del soñador. De acuerdo con Bandura, la gente aprende a comportarse mediante la observación de los resultados de sus propios actos y, a su vez también, mediante la observación de los comportamientos ajenos. Las acciones observadas se modelan en la mente, y los modelos son invocados cuando se aplican a una situación nueva.

Como hemos visto, las observaciones que hacemos de cómo funcionan las cosas en el mundo de vigilia se proyectan dentro de los sueños. Sin embargo en los sueños lúcidos, dado que sabemos que no estamos en el mundo de vigilia, somos libres para crear nuevos modelos conscientemente. Podemos someter a prueba los resultados de nuevos tipos de acciones, tanto mediante nosotros mismos como mediante otros personajes oníricos. Y si encontramos que los nuevos modelos funcionan bien, los añadiremos a nuestro repertorio de formas de responder posibles.

Por ejemplo, si usted es una persona muy tímida y reservada, en los sueños lúcidos puede practicar el ser abierto y asertivo con los personajes oníricos. Si le gustan los resultados, encontrará más fácil hacer lo mismo cuando esté despierto. Incluso si los resultados de sus experimentos en sueños no son por completo positivos, la práctica probablemente hará disminuir el esfuerzo que cuesta aplicar a la vida de vigilia el nuevo enfoque. Aprenderá que, incluso en el transcurso de una experiencia que no le hace sentir bien al principio, puede manejarla, y el resultado final podría ser una mejora de su situación general en la vida.

Crear "futuros positivos":

Cuando concebimos qué querríamos que trajese consigo el futuro, cómo nos gustaría que fuesen nuestras vidas, nos preparamos para obtener ese futuro. El acto de crear una imagen mental concreta en la cual nos veamos siendo felices o con éxito, refuerza nuestras intenciones de comportarnos de las maneras que nos ayuden a alcanzar la imagen que tenemos en nuestras cabezas. Esta es la base de los métodos de "autoayuda" que le instruyen para "verse a sí mismo como rico" o "visualizarse a sí mismo siendo delgado".

Los sueños lúcidos, como imágenes mentales extremadamente reales, son el lugar perfecto para cimentar imágenes de su éxito futuro. Si quiere perder peso, puede soñar con que es tan delgado y está tan en forma como guste, experimentar cómo se sentiría si fuese de ese modo e incrementar su motivación para alcanzar ese estado en la vida de vigilia.

Tal vez quiera dejar de fumar. En un sueño lúcido puede soñar con que tiene ochenta años caminando sano y alegremente por la ladera de una montaña sin quedarse sin aliento. No es probable que llegue este futuro si sigue fumando, así que si disfruta de la excursión en sueños, se verá animado a romper con su adicción a los cigarrillos.

Los "futuros felices" que haga aparecer en sus sueños lúcidos pueden extenderse más allá del éxito y placer propios. Tal vez cuanta más gente haya en el mundo que "cree" imágenes potentes de paz y alegría para todos los habitantes de la Tierra, más probable será que sobrevivamos a la actual crisis de este planeta y crezcamos para alcanzar el más grande potencial de la raza humana.

RESOLUCIÓN CREATIVA DE PROBLEMAS

Sueños creativos:

Ejemplos famosos de figuras de la literatura inspiradas por sueños, incluyen a Robert Louis Stevenson, quien atribuía muchas de sus obras a los sueños, incluido "El Extraño Caso del Dr. Jekyll y Mr. Hyde". Entre las ciencias se cuenta el descubrimiento en sueños de la estructura de la molécula del benceno por Friedrich Kekule, y el experimento de Otto Loewi, inspirado por un sueño, que demuestra la mediación química en los impulsos nerviosos. En el campo de la ingeniería hay muchos ejemplos de inventos revelados en sueños, incluida la máquina de coser de Elias Howe. También pintores como William Blake y Paul Klee han atribuido a los sueños algunas de sus obras. Algunos compositores, incluidos Mozart, Beethoven, o Wagner han acreditado a los sueños como fuente de inspiración. En los deportes, uno de los casos más conocidos es el del maestro del golf Jack Nicklaus, quien afirmó haber hecho un descubrimiento en un sueño que mejoró su juego en diez golpes ¡de la noche a la mañana!. Todos estos ejemplos, deberían dejar claro el extraordinario potencial creativo de los sueños.

Ya que los sueños son un campo tan fértil para la inspiración, ¿por qué no hay aún una escuela de sueños en el mundo occidental? La respuesta puede estar en el hecho de que los sueños son impredecibles. A pesar de que en un sueño puede aparecer un gran paso adelante, rara vez un artista o pensador decide: "Esta noche encontraré la solución a mi problema". Las técnicas de incubación de sueños son un paso hacia el acceso deliberado a la creatividad de los sueños. Desde la época de la civilización egipcia la gente ha usado la incubación de sueños para tratar de inducir sueños acerca del problema que estuvieran tratando de resolver. Un método más eficaz, sin embargo, puede ser buscar respuestas a problemas en los sueños lúcidos. Uno puede tratar de incubar un sueño lúcido sobre el problema o, una vez lúcido, dirigir a propósito la voluntad hacia la cuestión en mente. En lugar de esperar a que le visite la musa, el artista puede ir a requerirle sus servicios.

Los ejemplos anteriores sugieren un abanico muy amplio de aplicaciones potenciales, desde la reparación de coches hasta la pintura, pasando por las matemáticas. Creemos que usted puede aprender de las experiencias de otros a usar el potencial creativo de sus sueños lúcidos para resolver problemas e invocar la inspiración.

El proceso creativo:

"Creatividad" significa cosas diferentes para personas diferentes. Algunos pueden encontrar amenazadora dicha palabra, porque a menudo se les ha enseñado que la creatividad es un talento raro que sólo los artistas saben cómo usar en realidad. Sin embargo, todo lo que la creatividad significa es el uso de la imaginación para producir algo nuevo, desde una obra de arte hasta un trabajo de clase. No podemos evitar ser creativos. La esencia de la creatividad es la combinación de viejas ideas o conceptos, con una nueva forma. Cada frase que decimos, si no es una cita directa, es creativa. Cómo de creativa es una cosa o acto depende de lo "único" que sea el uso de los elementos involucrados. El único problema es que, en general, no sabemos cómo evocar el estado mental en el que se pueden hacer con facilidad nuevas, únicas y útiles asociaciones entre ideas. La cuestión clave en la investigación de la creatividad es descubrir modos de acceder fácilmente, a voluntad, a tales estados mentales. Los sueños pueden ser una fabulosa fuente de creatividad. Una introducción a lo que se conoce actualmente como "proceso creativo" puede ayudarle a entender el porqué.

Hay grados de creatividad del mismo modo que hay grados de lucidez. Igual que la habilidad de resolver problemas, la creatividad es una capacidad humana universal. Como se explicó antes, esta habilidad no está restringida a las bellas artes ni a ninguna disciplina formal; puede ampliarse a todo lo que pueda hacerse de un modo innovador, imaginativo, flexible y espontáneo.

Todo el mundo es creativo una vez u otra, y algunas personas son creativas gran parte del tiempo. Estamos de acuerdo en que todos nosotros somos creativos, y tenemos muchos ejemplos que nos pueden venir a la mente: Desde la acción del niño inventando un juego nuevo; Einstein formulando una teoría de la relatividad; un ama de casa ideando una nueva salsa para la carne; hasta un joven autor escribiendo su primera novela; todos ellos son, en los términos de nuestra definición, creativos...

Los investigadores de la creatividad están de acuerdo en que la expresión creativa es un proceso. Las inspiraciones a menudo parecen surgir repentinamente, de la nada, en un flash de iluminación. Sin embargo hay evidencias de que la comprensión "súbita" es sólo una parte del proceso que emerge sobre el umbral de la consciencia. Mientras analizaba sus propios descubrimientos, el gran científico alemán del siglo XIX, Hermann Helmholtz, describió las fases del proceso creativo: saturación, incubación e iluminación.

En la fase de saturación las personas que buscan la solución de un problema prueban diferentes formas de encararlo sin éxito completo. Esos preparativos pueden consistir en leer, hablar con expertos, observar, tomar notas, fotografiar o medir. Esas personas piensan entonces acerca del problema, se concentran, meditan, lo modelan en sus mentes, repasan la investigación. Este es el punto en el que el mecánico se queda mirando el motor; el pintor, el lienzo en blanco; el escritor, la página en blanco (o la pantalla del ordenador). Al final de esta fase la persona se dice a sí mismo o a sí misma: "De acuerdo, he estudiado el problema. He pensado en él. Lo he contemplado. Ahora, ¿cuál es la respuesta?"

La siguiente fase es no hacer nada. La incubación comienza cuando la persona que busca la solución de un problema se rinde a la hora de tratar de resolverlo de forma activa, transfiriéndolo al reino del inconsciente. Muchos soñadores creativos en la literatura histórica han decidido en este punto dar una cabezada. Otros han incubado sus soluciones mientras conducían o daban un largo paseo. Si han estudiado lo suficiente, analizando los aspectos adecuados del problema, y si han abrigado las condiciones psicológicas correctas para que emerja una solución creativa, la fase de incubación dará nacimiento a la iluminación: "¡Eureka!". Y de repente nos llega la solución. Éste es el momento en que se enciende la famosa bombilla.

Y, por último, un buen ejemplo de iluminación en un sueño, nacida de la verificación mientras estaba despierto, es el del Premio Nobel Otto Loewi. Según contaba el fisiólogo, había tenido una corazonada al principio de su carrera acerca de la naturaleza del impulso nervioso, pero echó a un lado la idea durante 17 años debido a que no era capaz de pensar en un experimento que probase sus ideas. Cerca de dos décadas después tuvo un sueño que le presentó el método para verificar con éxito su teoría.

Al final, Loewi ganó el Premio Nobel por demostrar que las sustancias químicas ayudan en la transmisión de la información a través de las neuronas.

Estados mentales y creatividad:

La discusión de más arriba sobre el proceso creativo, al señalar que la iluminación llega si el pensador ha abrigado las condiciones psicológicas adecuadas para la creatividad, deja abierta la pregunta de cuáles pueden ser tales condiciones. Unos cuantos investigadores han marcado el comienzo en esta cuestión explorando la noción de que distintos tipos de conocimiento parecen ser accesibles desde diferentes estados de consciencia.

Sin ir más lejos, Elmer y Alyce Green, investigadores de bio-feedback (biorretroalimentación), examinaron los aspectos fisiológicos de la relación entre la creatividad y los estados conscientes. Midiendo los procesos corporales de las personas involucradas en los diferentes estados de resolución creativa de problemas, los Green fueron capaces de establecer fuertes correlaciones entre la fase de iluminación y al menos un estado de consciencia distinguible fisiológicamente.

Por ello, es de destacar que el estado de consciencia al que se refieren los Green no es el sueño lúcido, sino el estado hipnagógico o de ensoñación. No obstante, sus conclusiones parecen ser de aplicación incluso más precisamente al estado de sueño lúcido, en el que las mentes consciente e inconsciente se encuentran cara a cara.

Debido a que los soñadores lúcidos tienen el potencial de hacer cualquier cosa en sus sueños, los sueños lúcidos pueden ser el taller experimental ideal.

Conocimiento tácito:

La idea más importante tras nuestra creencia de que el sueño lúcido puede ayudarnos a estimular la fase de iluminación en el proceso creativo es el concepto de conocimiento "tácito". Aquello que usted sabe y puede explicar de forma explícita, tal como su dirección o cómo atarse el zapato, se llama conocimiento "explícito". El conocimiento tácito, por otro lado, incluye lo que usted sabe pero no puede explicar (cómo andar o hablar), y lo que sabe pero cree que no sabe (como por ejemplo el color de los ojos de su maestro de primer curso de primaria). Esta última forma de conocimiento se demuestra en los tests de reconocimiento en los que los sujetos piensan que están sólo adivinando, pero de hecho actúan mejor de lo que permitiría la probabilidad.

Sabemos mucho más de lo que nos damos cuenta. En sueños tenemos mayor contacto con nuestro conocimiento tácito del que tenemos cuando estamos despiertos. Si usted recuerda sus sueños, seguramente podrá recordar haber tenido uno en el que el parecido de una persona a quien sólo ha visto una vez se reprodujo con increíble detalle en comparación con cualquier descripción que podría haber hecho de él o de ella estando despierto. La explicación de este fenómeno es nuestro acceso al conocimiento tácito en sueños. En los sueños tenemos acceso consciente al contenido de nuestras mentes inconscientes. Por tanto, en nuestros sueños no estamos limitados, como estando despiertos, a trabajar con tan sólo esa diminuta porción de nuestra experiencia acumulada a la que normalmente tenemos acceso consciente.

Sin lucidez, parece que no hay forma de determinar cuándo, o incluso si, puede ocurrir un sueño creativo. Sin embargo, mediante el estado de sueño lúcido podemos ser capaces de poner bajo control consciente la extraordinaria creatividad del estado de sueño.

Modelado mental:

Si son ciertas nuestras hipótesis acerca de la creatividad en sueños (que los sueños lúcidos permiten el acceso deliberado a un amplio almacén de conocimiento, y que los sueños en sí mismos son propicios para la creatividad), entonces ¿cómo puede hacer uso de este potencial un soñador lúcido?

Uno de los problemas más frecuentes que encaramos en la vida diaria es la toma de decisiones. Los sueños lúcidos nos pueden ayudar a llegar a decisiones bien documentadas, como cuando andamos ofuscados buscando una solución a un problema, no damos con ella estando despiertos, y en sueños vamos a un armario donde está lo que buscamos, o bien vamos a un libro de ejercicios donde tenemos la solución al problema.

Producir sueños creativos:

Esta exposición ha mencionado dos aproximaciones primarias al uso deliberado de la creatividad en los sueños. Una es buscar la respuesta a su problema una vez que se encuentre en un sueño lúcido. La otra es incubar un sueño acerca del problema e incluir en su incubación un recordatorio para volverse lúcido en el sueño.

La lucidez, a pesar de no ser absolutamente necesaria en los sueños creativos, ofrece ventajas importantes. Una vez que aprenda a tener sueños lúcidos con frecuencia, puede tener un sueño creativo cada vez que lo desee, tan solo llevando un paso más allá su deseo de buscar una respuesta o de crear en su siguiente sueño lúcido. Por supuesto el viejo método de la incubación de sueños puede ayudarle a encontrar respuestas en sueños no lúcidos, pero incluso aquí la lucidez puede ayudar.

Si usa la incubación para estimular un sueño lúcido acerca de un tema en particular, entonces su lucidez le dará el poder de actuar con libertad y conscientemente, sabiendo que está soñando. Usted puede incubar el sueño de visitar a un experto en su dificultad, o un lugar al que está pensando en mudarse. O con otra clase de problema podría incubar un sueño en el que prueba una nueva forma de tratar con alguien en su vida. Estar lúcido en el sueño le permite reflexionar exactamente en por qué está usted allí: para hacer una pregunta de física a Einstein, para explorar las Pirámides de Egipto y ver si le gustaría vivir allí en la época de su construcción, para buscar en bibliotecas historias para escribir o para tratar de ser comprensivo y apoyar a su hijo en lugar de ser excesivamente crítico. Sin lucidez podría olvidar su propósito.

Otra forma en que la lucidez puede contribuir a la utilidad de los sueños creativos es asegurándose de que está usted consciente de que sueña y de que debe tener cuidado de hacer todo lo que pueda para recordar el sueño al despertar. Los sueños no lúcidos, incluso de gran valor potencial, siempre existe el riesgo de olvidarlos. Para ello, es importante tener en cuenta lo siguiente…

Resolución de problemas con sueños lúcidos:

1. Exprese su pregunta en una frase.

Antes de irse a la cama elija un problema que le gustaría resolver o un gran paso que le gustaría dar. Encuadre su problema en la forma de una pregunta sencilla. Por ejemplo, "¿Qué inversiones debería hacer?" o "¿Cuál será el tema de mi cuento?" o ¿Cómo puedo conocer a gente interesante?" Una vez que haya elegido una pregunta que exprese su problema, escríbala y memorícela.

2. Incube un sueño acerca de su problema.

Use su propia técnica de incubación de sueños lúcidos.

3. Use sus sueños lúcidos para generar soluciones.

Una vez se encuentre en un sueño lúcido, haga la pregunta y busque la solución a su problema. Incluso si se hizo lúcido en un sueño que no se refirió exactamente a su problema, aún puede buscar la respuesta. Puede buscar o hacer aparecer la persona o el lugar que necesite, o buscar su solución allí donde usted se encuentre.

Puede ser de ayuda el preguntar a otros personajes del sueño, especialmente si representan a personas que usted piensa que podrían saber la respuesta. Por ejemplo, si está tratando de resolver algún problema de física, Albert Einstein podría ser una buena elección para preguntarle en sus sueños. Para visitar a un consejero experto, pruebe a usar el ejercicio de girar hacia un nuevo sueño. O simplemente explore su mundo onírico con su pregunta en mente mientras está abiertamente receptivo a cualquier pista que pudiera sugerir una respuesta. Recuerde que usted sabe inconscientemente muchas más cosas de lo que imagina; la solución a su problema puede estar entre ellas.

4. Recuerde despertarse y rememorar el sueño una vez que tenga la respuesta.

Cuando obtenga en el sueño una respuesta satisfactoria, use su propio método para despertarse. Escriba inmediatamente al menos la parte del sueño que incluya su solución. Incluso si no piensa que el sueño lúcido ha respondido a su pregunta, despiértese una vez que empiece a desvanecerse y escriba el sueño. Al reflexionar podría encontrar que su respuesta estaba escondida en el sueño y no la vio en el momento.

Construir un taller en sueños lúcidos:

Es posible construir un modelo mental, no de un problema específico, sino de un taller para resolver todas las formas de problemas o para estimular los avances creativos.

¿Recuerda el cuento de hadas sobre el zapatero y los duendes que hacían su trabajo mientras aquél dormía? Tenemos el caso del escritor Robert Louis Stevenson, quien creó su propio taller de sueños repleto de asistentes (sus "brownies", como él los llamaba), que le ayudaron a producir la mayoría de sus famosas obras. Parece ser que éstos eran imágenes mentales que aparecían durante el ensueño hipnagógico lúcido. La técnica que usaba el escritor era tumbarse en la cama con su antebrazo perpendicular al colchón. Encontró que podía deslizarse con facilidad en su familiar taller de fantasía, y si caía en un sueño más profundo, su antebrazo caería sobre el colchón y le despertaría. Stevenson confirmó a sus brownies como los artífices de la trama de su famosa historia, "El Extraño Caso del Dr. Jekyll y Mr. Hyde".

Ejercicio: construir un taller de sueños lúcidos:

Aquí tiene algunas ideas para construir un taller de sueños lúcidos de su propiedad. Necesitará un entorno inspirador, ayudantes dotados y herramientas poderosas. El primer paso es crear el entorno. Puede crear una "fortaleza solitaria" en un planeta deshabitado o bien rodearse de compañeros. Ponga en sus habitaciones puertas y ventanas que den a otras dimensiones donde pueda encontrar ayuda. Después de crear inicialmente su espacio de trabajo en un sueño lúcido, cada vez que lo visite puede añadir detalles finales: poner en su estructura cofres del tesoro, bibliotecas de referencia o bancos de trabajo (cualquier cosa que pueda necesitar para inspirar y fortalecer su trabajo creativo).

Cuando esté satisfecho con su entorno, aliste ayudantes-expertos, profesores, asistentes, magos, consultores, o hadas. Si quiere aprender a pintar, invoque a Rembrandt. Váyase de pesca con Hemingway y hable acerca de la novela que siempre ha querido escribir, algo así como en la película de Woody Allen "Medianoche en París". Pida a sus asistentes que le ayuden a empezar con su problema específico o su desafío creativo. Construya o haga aparecer herramientas (una máquina de ideas o un pincel mágico).

Si este ejercicio funciona para usted, no olvide volver a su taller de vez en cuando. Su modelo mental crecerá y cada vez será más capaz de potenciar su creatividad. Cuantos más problemas resuelva allí, más inspiraciones encontrará en el lugar, y más poder tendrá para usted el taller.

VENCER LAS PESADILLAS

Antes de nada, hemos de plantearnos, ¿qué son las pesadillas?

Las pesadillas son sueños terroríficos en los que nuestros peores miedos cobran vida con convincente detalle. Cualesquiera que sean los horrores que usted personalmente crea que son lo peor que pudiera pasar, ésos son con más probabilidad los argumentos de sus pesadillas. Toda la gente, en cada era y cultura, ha sufrido estos terrores de la noche. La comprensión de las personas acerca de los orígenes de las pesadillas ha variado tanto como su comprensión de los sueños. En algunas culturas las pesadillas han sido experiencias verdaderas del alma vagando por otro mundo mientras el cuerpo estaba dormido. Para otros, han sido el resultado de ser visitados por demonios. De hecho la palabra pesadilla viene de un demonio o íncubo (que como ya dijimos, es el demonio que viene en la noche para abusar sexualmente de las mujeres; su contraparte femenina es el súcubo) que se creía que se posaba sobre el pecho de los durmientes para asfixiarlos con su peso.

En la cultura occidental de hoy, la mayoría de la gente se contenta con decir de las pesadillas que son "solo sueños", queriendo decir que son imaginarios y no tienen consecuencias. De ese modo, cuando un ejecutivo se despierta con el corazón latiendo fuertemente de una pesadilla en la que era perseguido por zombis en la selva, agradece ser capaz de recitar la conocida frase: "Gracias a Dios, era solo un sueño", beberse un vaso de agua y volver a la cama. Sin embargo, cuando hace tan sólo unos minutos sentía en su cuello la respiración de los malolientes cadáveres con ojos como fosas del infierno, el ejecutivo no tenía dudas acerca de su realidad. Los zombis pueden haber sido imaginarios, pero el terror era real. Así pues, despachar con ligereza el terror real de los sueños horrendos como ilusorio es un error que no nos deja otra elección que someternos una y otra vez al mayor miedo que es probable que experimentemos jamás.

¿Qué concede a las pesadillas su especial terror? En sueños cualquier cosa es posible. Esta cualidad de ser ilimitados puede ser maravillosa, dado que nos permite experimentar las delicias de la fantasía y el placer inalcanzables en la vida de vigilia. Sin embargo, dele la vuelta a una piedra y cualquier cosa que pueda imaginar que no le gustaría experimentar, no importa cuán improbable sea cuando está despierto, puede suceder también.

En las pesadillas estamos solos. Los mundos terroríficos que creamos en nuestras mentes están habitados por nuestros miedos personales. Podemos soñar que estamos acompañados por amigos, pero si dudamos de ellos pueden convertirse en demonios fácilmente. Si huimos de un maníaco con un hacha, puede encontrarnos, no importa dónde nos escondamos. Si apuñalamos a un demonio, puede que ni siquiera se dé cuenta, o que el puñal se convierta en uno de goma. Nuestros pensamientos nos traicionan; si pensamos: "¡Espero que no tenga un arma!", tendrá un arma. No es extraño que nos sintamos agradecidos al volver de una pesadilla a la cordura y la paz relativas del mundo de vigilia.

Por tanto, es comprensible que la gente que se da cuenta de que está soñando en medio de las pesadillas, con frecuencia elija despertarse. Sin embargo, si usted se hace completamente lúcido en una pesadilla, se dará cuenta de que tal pesadilla no puede hacerle daño, y no necesita "escapar" de ella despertando. Recordará que ya se encuentra a salvo en la cama. Es mejor encarar y vencer el terror mientras nos mantenemos en el sueño.

Causas y curas de las pesadillas:

Los estudios muestran que entre un tercio y la mitad de los adultos experimentan pesadillas ocasionales. Una encuesta entre estudiantes universitarios encontró que casi tres cuartas partes de un grupo de trescientos tenía pesadillas al menos una vez al mes. En otro estudio el 5% de los universitarios principiantes informaron de tener pesadillas al menos una vez a la semana. Si esta tasa se aplica a la población en general, entonces encontramos que sólo en Estados Unidos, ¡más de diez millones de americanos sufren horrendas experiencias plenamente realistas!

Algunos factores que parecen contribuir a la frecuencia de las pesadillas son la enfermedad (en especial la fiebre), el estrés (originado por situaciones tales como las dificultades de la adolescencia, mudanzas y temporadas difíciles en el colegio o el trabajo), relaciones problemáticas y eventos traumáticos, tales como ser atracado o incluso sufrir un pequeño terremoto. Los eventos traumáticos pueden desencadenar series de larga duración de pesadillas recurrentes.

También algunas drogas y medicamentos pueden provocar un incremento en el número de pesadillas. La razón de esto es que muchas drogas suprimen el sueño REM, lo cual produce más tarde un efecto de rebote REM. Si usted se va borracho a la cama, puede dormir de forma profunda pero soñando poco, hasta después de cinco o seis horas de sueño. Por entonces el efecto del alcohol casi ha pasado y su cerebro está preparado para recuperar el tiempo de REM perdido. Como resultado usted soñará más intensamente de lo habitual durante las últimas pocas horas de sueño. La intensidad se refleja en la emotividad del sueño, que a menudo será desagradable.

Hay unas cuantas drogas que parecen incrementar las pesadillas aumentando la actividad de alguna parte del sistema REM. Entre ellas está la L-dopa, usada en el tratamiento de la enfermedad de Parkinson, y los betabloqueadores, usados por personas con problemas de corazón. Dado que la investigación ha mostrado que el sueño lúcido tiende a ocurrir durante períodos de intensa actividad REM, podemos decir que las drogas que causan pesadillas también pueden facilitar el sueño lúcido. Aunque también es verdad que, el que un período REM intenso lleve a sueños que sean placenteramente excitantes o bien terroríficos, depende de la actitud del soñador.

Así pues, es hacia la actitud del soñador donde debemos mirar a la hora de buscar un tratamiento para las pesadillas. Por ejemplo, la gente rara vez experimenta pesadillas en el laboratorio del sueño, porque tienen la sensación de ser observados, y a la vez protegidos. Del mismo modo, los niños que se despiertan de una pesadilla y se meten en la cama de sus padres se sienten seguros de todo daño y, por tanto, es menos probable que tengan otros malos sueños.

Por ello, el mejor lugar para encargarse de los sueños desagradables es en su propio contexto, en el mundo de los sueños. Creamos nuestras pesadillas con la materia prima de nuestros miedos. Los miedos son expectativas - ¿por qué íbamos a temer algo que pensamos que nunca va a pasar? -. Las expectativas afectan a nuestra vida de vigilia, pero determinan aún más nuestras vidas oníricas. Cuando en su vida de vigilia camina por la calle, usted puede temer que alguien le amenace. Sin embargo, que alguna oscura figura salte realmente hacia usted con una navaja depende de si en realidad hay algún navajero escondido en un callejón cercano esperando a una víctima. Por el contrario, si usted sueña que camina por una calle oscura, temiendo un ataque, es casi inevitable que será atacado porque puede imaginar al desesperado delincuente esperándole. Pero si no hubiese pensado que la situación era peligrosa, no habría atracador ni ataque. Su único enemigo real en sueños es su propio miedo.

La mayoría de nosotros albergamos algunos miedos inútiles. El miedo de hablar en público es un ejemplo común. En la mayoría de los casos dar un discurso no le propiciará daño alguno, pero este hecho no evita que mucha gente se sienta asustada por hablar en público como lo estaría ante una situación amenazadora para la vida. Del mismo modo, tener miedo en un sueño, aun siendo comprensible, es innecesario. Incluso cuando el miedo es inútil, sigue siendo desagradable y puede ser debilitante. Una manera obvia de mejorar nuestras vidas es deshacernos del miedo innecesario. ¿Cómo se hace esto?

La investigación sobre el tratamiento de las fobias mediante la modificación de la conducta muestra que para una persona no es suficiente con saber intelectualmente que el objeto de sus miedos es inofensivo. Personas con fobia a las serpientes pueden "saber" perfectamente que ciertas culebras son inofensivas, pero seguirán teniendo miedo de coger una. La forma de aprender a vencer el miedo es encararlo - aproximarse poco a poco al objeto o a la situación temidos -. Cada vez que se encuentre con la cosa temida sin recibir daño, aprende por experiencia que no puede hacerle daño. Esta es la clase de aproximación que se propone para vencer las pesadillas. Muchas anécdotas demuestran que la aproximación es efectiva y puede ser usada incluso con niños.

Ninguno de los tratamientos para las pesadillas que se propone requiere que interprete el simbolismo de las imágenes desagradables. Se puede lograr en sueños un resultado fructífero trabajando directamente con las imágenes. El análisis en vigilia (o la interpretación durante el sueño) puede ayudarle a comprender el origen de sus ansiedades, pero no necesariamente le ayudará a crecer por encima de ellas. Por ejemplo, considere de nuevo el miedo a las serpientes. La interpretación clásica de la fobia a las serpientes es que se trata de una ansiedad sobre el sexo disfrazada, especialmente con respecto al miembro masculino, y de hecho la mayoría de las personas con fobia a las serpientes son mujeres. Una explicación biológica mucho más plausible es que los humanos vinieron al mundo preparados para aprender a tener miedo de las serpientes, porque el evitar a las serpientes venenosas tiene un valor obvio para la supervivencia. Sin embargo, dar esta información no cura la fobia. Lo que ayuda, como se mencionó anteriormente, es que el fóbico se acostumbre a tratar con serpientes. Del mismo modo, tratar directamente con los miedos en los sueños, aprender que no pueden hacernos daño, puede ayudarnos a vencerlos.

Los usos de la ansiedad:

De acuerdo con Freud, las pesadillas son el resultado de un cumplimiento masoquista de deseos. La base de esta curiosa noción era la inquebrantable convicción de que cada sueño representaba el cumplimiento de un deseo. "No sé por qué el sueño no debería ser tan variado como el pensamiento durante el estado de vigilia", escribió Freud medio en broma. Por su parte, continuó diciendo: "No debería tener nada en contra de esto... Sólo hay un pequeño obstáculo... que no parece reflejar la realidad". Si para Freud cada sueño no era más que el cumplimiento de un deseo, también debería ser así para las pesadillas: por esa regla de tres, las víctimas de las pesadillas deberían de desear en secreto ser humilladas, torturadas o perseguidas...

Lo normal, y en la práctica, es que no es así. Pues cada sueño no es necesariamente la expresión de un deseo, ni tampoco las pesadillas son el cumplimiento masoquista de deseos, sino más bien el resultado de reacciones de inadaptación. La ansiedad experimentada en las pesadillas puede verse como una indicación del fracaso por parte del soñador a la hora de responder de forma efectiva a la situación onírica. La ansiedad surge cuando nos encontramos con una situación que provoca miedo y contra la cual son inútiles nuestros patrones habituales de comportamiento. La gente que experimenta ansiedad en los sueños necesita una nueva aproximación para afrontar las situaciones representadas en sus sueños. Tal aproximación puede no ser fácil de encontrar si el sueño es el resultado de conflictos sin resolver que el soñador no quiere encarar en la vida de vigilia. En casos severos, puede ser difícil tratar la pesadilla sin tratar la personalidad que la provocó. Pero también es verdad que esta condición se aplica principalmente a personalidades con desórdenes crónicos. Para personas relativamente normales cuyas pesadillas no son resultado de problemas serios de personalidad, los sueños lúcidos pueden resultar muy útiles. Sin embargo, para vencer las pesadillas, debemos estar dispuesto a asumir la responsabilidad de nuestras experiencias en general y de nuestros sueños en particular.

Para ilustrar cómo pueden ayudar los sueños lúcidos a su batalla contra las situaciones provocadoras de ansiedad, considere la siguiente analogía. El soñador no lúcido es como un niño pequeño que está aterrado por la oscuridad; el niño en verdad cree que hay monstruos allí. El soñador lúcido sería, tal vez, como un niño mayor, aún asustado de la oscuridad, aunque no cree que en ella haya monstruos en realidad. Este niño podría tener miedo, pero sabría que no hay nada que temer y podría dominar el miedo.

La ansiedad se origina por la ocurrencia simultánea de dos condiciones: una es el miedo en relación con alguna situación (posiblemente mal definida) que encontramos amenazadora; la otra es la incertidumbre acerca de cómo evitar un resultado desfavorable. En otras palabras, experimentamos ansiedad cuando tenemos miedo de algo y no tenemos nada en nuestro repertorio conductual que nos ayude a superarlo o a evadirnos de ello. La ansiedad puede servir como una función biológica: nos impulsa a explorar nuestras situaciones con más cuidado y reevaluar las posibles acciones en busca de una solución que hayamos pasado por alto - ser más conscientes -, en pocas palabras.

Cuando experimentamos ansiedad en nuestros sueños, la respuesta más adaptativa sería hacernos lúcidos y encarar la situación de una forma creativa. De hecho, la ansiedad parece dar lugar espontáneamente a la lucidez con bastante frecuencia. Puede incluso que la ansiedad conduzca siempre a la lucidez para las personas que son conscientes de esta posibilidad. Con la práctica, la ansiedad en los sueños puede convertirse en una señal onírica fiable, no más peligrosa que un espantapájaros, que le señale dónde necesita hacer algunas reparaciones. Por tanto, no hay motivo para tener miedo en sueños.

Encarar las pesadillas

No hay razón para tener miedo. Es la imaginación la que te bloquea. Si hay algo imaginario que mantiene cerrada la puerta de salida… pues, simplemente, apártalo. El miedo a lo desconocido es peor que el miedo a lo conocido, y esto en ninguna otra parte parece tan cierto como en los sueños. Así pues, una de las respuestas más adaptativas frente a una situación onírica desagradable es encararla.

Por otro lado, cuando uno trata de forzar que un personaje onírico desaparezca, puede volverse más amenazador.

El mismo Sparrow, por ejemplo, ha llegado a reconocer que una pantera onírica no puede hacerle daño, y que el solo pensamiento debería haber disipado su ansiedad. Pero, dado que el miedo es su peor enemigo en los sueños, sabe por tanto que ha de encarar la situación, pues si deja que persista, se hará más fuerte, y de este modo su confianza en sí mismo disminuirá.

Sin embargo, muchos soñadores lúcidos principiantes pueden, al principio, tender a usar sus nuevos poderes para encontrar formas más astutas de escapar de sus miedos. Esto se debe a nuestra tendencia natural a continuar en nuestro actual marco mental. Si, en un sueño en el que usted huye de un daño, se da cuenta de que está soñando, tenderá a seguir huyendo a pesar de que en ese momento ya debería saber que no hay nada de qué huir.

"Escapar" de una pesadilla despertando sólo le aparta a usted de la experiencia directa de las imágenes que le provocan ansiedad. Puede sentir cierto alivio, pero como el prisionero que excava a través de su prisión para encontrarse en la celda de al lado, usted no ha escapado. Sea consciente de ello o no, se ha quedado con un conflicto no resuelto que sin duda volverá a atormentarle cualquier otra noche. Además, puede que tenga un estado emocional desagradable y poco saludable con el que empezar el día.

Si, por otra parte, usted elige quedarse en la pesadilla antes que salir de ella, puede resolver el conflicto de una forma que le proporcione más confianza en sí mismo y una mejor salud mental. Entonces, cuando se despierte, sentirá que ha liberado algo de energía extra con la que empezar su día con nueva confianza.

El sueño lúcido nos da el poder de desterrar el miedo de las pesadillas y, al mismo tiempo, reforzar nuestro coraje - si dominamos nuestro miedo lo suficiente como para reconocer que nuestras imágenes más perturbadoras son nuestras propias creaciones y encararlas -.

Parálisis del sueño:

La experiencia de la parálisis del sueño puede ser terrorífica, como en el ejemplo de arriba. En un caso típico una persona se despierta, pero se encuentra con que no puede moverse. Puede sentir como si un gran peso la estuviese sujetando y haciéndole difícil el respirar. Pueden aparecer alucinaciones, a menudo zumbidos fuertes, vibraciones en el cuerpo, o gente y figuras amenazadoras en las proximidades. El soñador puede sentir cosas que tocan su cuerpo, distorsiones de éste o "electricidad" que corre por su interior. Según progresa la experiencia, los alrededores pueden empezar a cambiar, o la persona puede sentir que abandona su cuerpo, bien flotando hacia arriba, bien hundiéndose en la cama.

Bastante a menudo el soñador sabe que la experiencia es un sueño, pero encuentra muy difícil despertarse.

La causa probable de la parálisis del sueño es que la mente despierta, pero el cuerpo permanece en la parálisis del estado de sueño REM. Al principio el soñador percibe el entorno real, pero al tomar el mando de nuevo el proceso REM, comienzan a ocurrir cosas extrañas. Parece ser que la ansiedad es un elemento natural asociada a esta condición fisiológica, y empeora debido al sentimiento que tiene el soñador de que está despierto, su creencia en que estas cosas peculiares están pasando de verdad y la sensación de ser incapaz de moverse. Si el soñador se adentra aún más en el sueño REM, pierde consciencia de su cuerpo, lo cual le causa el sentirse paralizado. En este punto puede experimentar la sensación de "abandonar el cuerpo", al ser liberada la imagen mental de su cuerpo de las ataduras de los datos sensoriales provenientes de su cuerpo real.

Las experiencias de parálisis del sueño parecen ser la causa de algunos extraños fenómenos nocturnos tales como las visitas de demonios, íncubos y súcubos, y otras experiencias extracorporales. En realidad no tienen por qué ser terroríficos si reflexiona mientras suceden y se da cuenta que son sueños y que ninguno de estos extravagantes eventos es peligroso. La gente que se encuentra en estos estados comúnmente trata de gritar a otros para despertarlos, o trata de forzarse a moverse para despertar. Esto normalmente sólo empeora las cosas, dado que aumenta su sensación de ansiedad. La ansiedad por sí misma puede ayudar a perpetuar la condición. Una aproximación menor es, primero, recordar que es un sueño y, por tanto, inofensivo, y 2º relajarse y dejarse llevar por la experiencia. Lo mejor es adoptar una actitud de curiosidad intrépida, pues los sueños que tienen lugar a partir de una parálisis del sueño suelen ser bastante intensos y maravillosos.

¿Qué hacer para vencer las pesadillas?:

Cualquiera que alguna vez haya sufrido de pesadillas puede beneficiarse del uso de la lucidez como respuesta a la ansiedad severa en los sueños.

En la literatura sobre los sueños aparecen diversas aproximaciones al manejo de las experiencias oníricas desagradables. Todas pueden verse ayudadas por la lucidez, porque cuando estamos lúcidos estamos seguros de nuestro contexto (estamos soñando) y sabemos que las reglas del mundo de vigilia no son de aplicación.

Al final, la idea es que las figuras oníricas hostiles pueden representar aspectos de nuestra propia personalidad que deseamos repudiar. Si tratamos de aplastar las apariencias simbólicas de estas características en los sueños, podemos estar rechazando simbólicamente, y tratando de destruir, partes de nosotros mismos.

Otra idea para tener en mente es la de "caer", tema común en sueños de ansiedad. Lo aconsejable es que cuando usted sueñe que cae, no debería despertarse sino dejarse llevar, relajarse y aterrizar con suavidad. Piense que aterrizará en un lugar agradable e interesante, especialmente uno que le ofrezca una revelación o experiencia útiles. Como siguiente paso, se aconseja que en futuros sueños de caída, intente volar y viajar a algún lugar intrigante y que merezca la pena. De este modo puede convertir una experiencia negativa, en una divertida y útil.

Prescripciones para las pesadillas:

La siguiente es una lista de los argumentos de algunas de las pesadillas más comunes, con sugerencias sobre métodos para transformar el sueño, con el objetivo de alcanzar un resultado positivo. Establezca la meta de que cada vez que se encuentre en una pesadilla se volverá lúcido y vencerá su miedo. Si la pesadilla muestra uno de los siguientes temas, pruebe las respuestas que se sugieren.

Tema 1: ser perseguido

Respuesta: deje de correr. Encare al perseguidor. Esto, por sí solo, puede causar que el perseguidor desaparezca o se vuelva inofensivo. Si no, trate de comenzar un diálogo conciliador con el personaje o el animal.

Tema 2: ser atacado

Respuesta: no se rinda meramente ante el atacante ni huya. Muestre su disposición a defenderse y después trate de embarcar al atacante en un diálogo conciliador. De modo alternativo encuentre aceptación y amor para consigo mismo y extiéndalo hasta la figura amenazadora.

Tema 3: caer

Respuesta: relájese y permítase aterrizar. La vieja superstición es falsa - no morirá si se estrella contra el suelo -. De modo alternativo, puede transformar la caída en vuelo.

Tema 4: parálisis

Respuesta: cuando se sienta atrapado, atascado o paralizado, relájese. No deje que la ansiedad se imponga a su racionalidad. Dígase que está soñando y que el sueño acabará pronto. Déjese llevar por cualquier imagen que pueda aparecer, o por cualquier cosa que pueda sucederle a su cuerpo. Ninguna de ellas puede hacerle daño. Adopte una actitud de interés y curiosidad acerca de lo que está pasando.

Tema 5: no estar preparado para un examen o un discurso

Respuesta: antes que nada, no necesita en absoluto continuar con este tema. Puede abandonar la sala de exámenes o de conferencias. Sin embargo, puede aumentar su confianza en sí mismo en tales situaciones contestando creativamente las preguntas del examen o dando una charla espontánea sobre cualquier tema que le parezca bien. Asegúrese de disfrutar. Cuando se despierte, puede que quiera preguntarse si en realidad estaría preparado para una situación similar.

Pesadillas recurrentes:

Cuando pensar en una pesadilla se vuelve tan doloroso que lo evitamos, no es sorprendente que se haga recurrente. Sin embargo, incluso las imágenes más terribles se vuelven menos aterradoras cuando las examinamos.

Todas las pesadillas se hacen recurrentes mediante el siguiente proceso: en primer lugar el soñador se despierta de una pesadilla en un estado de intensa ansiedad y miedo; naturalmente él o ella espera que no vuelva a pasar jamás. El deseo de evitar a toda costa los eventos de la pesadilla asegura que se recordarán. Más tarde algo en la vida de vigilia de la persona asociado con la causa original del sueño provoca que la persona sueñe con una situación similar a la de la pesadilla original. El soñador reconoce, tal vez inconscientemente, la similitud y espera que suceda lo mismo. De este modo la expectación causa que el sueño siga la primera trama, y cuánto más se repita el sueño, más probable es que se repita en la misma forma. Mirar las pesadillas recurrentes de este modo sugiere un sencillo tratamiento: el soñador puede imaginar una nueva conclusión para el sueño, con el objeto de debilitar la expectativa de que tiene un solo resultado posible. Porque en realidad, soñamos sobre lo que esperamos que suceda, tanto lo que tememos como lo que deseamos.

Ejercicio: reproducir pesadillas recurrentes

1. Recuerde y registre la pesadilla recurrente.

Si ha tenido más de una vez una pesadilla en particular, recuérdela con tanto detalle como pueda y póngala por escrito.

Examínela en busca de puntos en los que usted podría influir para dar un giro a los eventos haciendo algo de forma diferente.

2. Elija un punto de re-entrada y una nueva acción.

Elija una parte específica del sueño para cambiarlo, y una acción específica nueva que le gustaría probar en ese punto para alterar el curso del sueño. Seleccione también el punto más relevante antes del momento problemático, en el que re-entrar en el sueño (si es un sueño largo puede que quiera empezar en la parte que precede inmediatamente a los eventos desagradables).

3. Relájese por completo.

Encuentre un momento y un lugar en el que pueda estar solo y sin interrupciones entre diez y veinte minutos. En una posición cómoda, cierre los ojos y practique el ejercicio de relajación progresiva.

4. Reproduzca la pesadilla en busca de su resolución.

Imagine que está de vuelta en el sueño. Visualice el sueño desarrollándose como lo hizo antes, hasta que llegue a la parte en la usted haya elegido probar con un nuevo comportamiento. Véase a usted mismo llevando a cabo la nueva acción y después continúe imaginando el sueño hasta que descubra qué efecto tiene su alteración en el resultado.

5. Evalúe su resolución imaginada.

Cuando el sueño imaginado haya acabado, abra los ojos. Escriba lo que sucedió como si fuera el informe de un sueño normal. Tome nota de cómo se siente acerca de la nueva resolución del sueño. Si no está satisfecho y aún se siente incómodo con el sueño, intente otra vez el ejercicio con una acción alternativa nueva. Alcanzar una resolución de su agrado con el ejercicio en vigilia puede ser suficiente para detener la recurrencia de la pesadilla.

6. Si el sueño se repite, siga su plan de acción imaginado

Si el sueño se repite, haga en él lo mismo que visualizó durante la re-entrada en vigilia. Recuerde que el sueño no puede hacerle ningún daño y "resuelva" firmemente llevar a cabo su nuevo comportamiento.

Pesadillas infantiles:

Muchas personas han informado de haber descubierto los sueños lúcidos como un modo de tratar con las pesadillas infantiles, como en los casos de más arriba. Los niños tienden a tener más pesadillas que los adultos, pero por suerte parecen tener poca dificultad a la hora de poner en práctica la idea de encarar sus miedos mediante los sueños lúcidos.

Si usted es padre con niños que sufren de pesadillas, debería asegurarse primero de que saben qué es un sueño y después hablarles acerca de los sueños lúcidos. A la vez es interesante decirles que si lo que han visto es imposible que suceda, es porque se trata de un sueño, y por tanto esas figuras que daban tanto miedo no pueden hacerles nada malo, por lo que lo más aconsejable es tratar de hacerte amigo de ellas.

Que los sueños lúcidos prometan erradicar uno de los terrores de la infancia parece razón suficiente para que los padres instruidos enseñen el método a sus hijos. Además, un importante beneficio adicional de la aproximación desde los sueños lúcidos a las pesadillas infantiles es que da como resultado un sentimiento incrementado de maestría y confianza en sí mismo, como podemos ver en todos los anteriores ejemplos. Piense en el valor de descubrir que el miedo no tiene más poder del que usted le permite que tenga, y que usted aquí… es el jefe.

EL SUEÑO SANADOR

La salud puede definirse como una condición de respuesta adaptativa a los desafíos de la vida. Esta definición se aplica tanto a la fisiología como a la psicología. Para que las respuestas sean adaptativas deben resolver situaciones desafiantes de manera que no trastornen la integridad, o totalidad, del individuo. El tomar medicación que le ayude a dormir, pero que evite que usted funcione al día siguiente, no es muy adaptativo. Sin embargo, hacer más ejercicio puede provocar que tenga más sueño por la noche, a la vez que incrementa su salud y su vigor generales. Esta es, ciertamente, una respuesta adaptativa a la dificultad. Las respuestas óptimas resultan en una adaptación creativa que sitúa a la persona en un nivel más alto de funcionamiento que antes del desafío. En un marco psicológico, evitar situaciones que le ponen nervioso puede impedir que sienta ansiedad, pero también limita su disfrute de la vida. Aprender a encarar esas situaciones incrementará las opciones que tiene disponibles.

En este sentido, estar sano implica más que la mera ausencia de enfermedad. Si nuestros comportamientos habituales son inadecuados para enfrentarnos a una situación novedosa, una respuesta verdaderamente sana requiere aprender comportamientos nuevos, más adaptativos. Aprender nuevos comportamientos es parte del crecimiento psicológico, el cual lleva al ideal de salud.

Autointegración: aceptar la sombra

El psicólogo Ernest Rossi ha propuesto que una importante función del soñar es la integración: pues es la síntesis de las estructuras psicológicas separadas para formar una personalidad más extensa. Los seres humanos son sistemas biopsicosociales complejos, con muchos niveles. Nuestras psiques tienen muchos aspectos diferentes; esas partes diferentes pueden estar en armonía o no. Cuando una parte de una personalidad está en conflicto con otra parte, al final niego la existencia de otras partes, con lo que esto puede dar como resultado la infelicidad o un comportamiento antisocial. Para ello, lo mejor es reconciliar todos los aspectos de la personalidad de uno. La integración, sin embargo, no tiene por qué ser sólo una cuestión de reparar las relaciones disfuncionales entre las diferentes partes de la personalidad. Pues también puede ser un proceso natural de desarrollo.

La teoría psicoterapéutica, basada tiempo atrás en la idea de que la meta de la terapia era ayudar a la gente a superar trastornos del desarrollo, o neurosis, se ha visto ensanchada por teorías que circundan la idea de que incluso las personas sanas pueden integrar partes dispares de sus personalidades para enriquecer su experiencia de la vida (para crecer). De acuerdo con Rossi, la integración es el medio por el que tiene lugar el crecimiento de la personalidad:

La lucidez puede facilitar enormemente este proceso. Los soñadores lúcidos pueden deliberadamente identificarse y aceptarlo, y por tanto integrar de forma simbólica partes de sus personalidades que previamente han rechazado o repudiado. Simbólicamente, podríamos decir que las piedras que rechazó el constructor del ego pueden ahora formar los nuevos cimientos de nuestra nueva personalidad, mucha más completa.

Carl Jung observó que los rasgos de la personalidad repudiados se proyectan con frecuencia en los demás y se simbolizan en los sueños, tomando la forma de monstruos, dragones, o demonios.

Jung se refería a tales figuras simbólicas como "la Sombra". La presencia de figuras sombrías en sueños indica que el modelo que uno tiene de su ego es incompleto. Cuando el ego acepta intencionalmente la sombra, se mueve hacia la completitud y el funcionamiento psicológico sano.

Al final, llegamos a la conclusión que esos seres terroríficos, en realidad, somos nosotros mismos. Por tanto, lo aconsejable siempre es entablar una relación más armoniosa con dichos seres, (es decir, con los aspectos más oscuros de uno mismo). Es decir, entablar diálogos amistosos con las figuras sombrías. Esto marcará la diferencia con la mayor parte de las personas que encuentre en sus sueños (o en la vida de vigilia) y podría tener efectos sorprendentes cuando lo intente con figuras amenazadoras. Por tanto, no mate a los dragones de sus sueños; al contrario, hágase amigo de ellos.

Recuerde que la maldad, como la belleza, puede estar en el ojo del que observa.

En el momento en que su pensamiento se vea distorsionado por el miedo, la codicia, la ira, el orgullo, el prejuicio y las suposiciones defectuosas, usted ya no podrá decir que en realidad se refleja en su consciencia. Si su mente se parece a una casa de los espejos de feria, no se sorprenda si en su sueño un ángel parece un demonio. Por tanto, haría bien en suponer lo mejor. Cuando se encuentre con un monstruo en su sueño lúcido, salúdelo con sinceridad como a un amigo al que hace mucho tiempo que no ve, y al final eso es lo que será.

Usted no necesita hablar con las figuras sombrías para hacer las paces con ellas. Si puede amar de corazón a sus enemigos oníricos, ellos al final se vuelven sus amigos. Abrazar al rechazado con aceptación amorosa integra simbólicamente la sombra en su modelo de sí mismo.

Buscar oportunidades para crecer:

"Si no tienes dificultades, cómprate una cabra", aconseja un proverbio oriental. Más allá de la obvia advertencia de que las cabras son problemáticas, este aforismo tiene un profundo significado: Crecemos en sabiduría y fuerza interior aprendiendo a manejar las dificultades. Las experiencias desafiantes nos fuerzan a considerar quiénes somos en realidad y qué tiene verdadera importancia. Mientras estemos satisfechos y nunca encaremos ningún conflicto o dilema, no tendremos necesidad de pensar.

Aunque sea difícil de creer al principio, nuestras peores experiencias pueden ser nuestros mejores amigos. Como sugiere Rilke en el pasaje citado antes, si nos mantenemos firmes ante la dificultad y no huimos de nuestros problemas, el mundo entero puede convertirse en nuestro aliado.

Así, proponemos que en nuestros sueños lúcidos podemos beneficiarnos de la búsqueda de dificultades, encarándolas y venciéndolas. Al menos, cuando esté frente a un terror del que no puede escapar (un perseguidor o un monstruo atacante, por ejemplo) debería quedarse en el sueño y resolver el conflicto. Como siguiente paso, si aparece algo en su mundo de los sueños que le causa incomodidad, puede tomar su presencia como una oportunidad de investigar ese problema y ver si puede resolver o aceptar lo que quiera que sea que le repele.

Los que sean incluso más aventurados o serios acerca de su deseo de encontrar su "satisfacción personal" (sintiéndose conformes consigo mismos), pueden "buscarse problemas" deliberadamente en sus sueños lúcidos. Esto significa buscar en el mundo de los sueños las cosas que le parezcan aterradoras o desagradables. El psicólogo alemán Kuenkel, dijo que "la verdadera vía hacia la sanación" es buscar a los "perros ladradores del inconsciente" y reconciliarse con ellos. El equilibrio emocional, de acuerdo con Kuenkel, sólo puede obtenerse mediante este proceso.

Tholey daba a sus sujetos varios consejos sobre cómo encontrar a los ocultos "perros ladradores" de la psique en los sueños. Se movían de las áreas de luz a las de oscuridad, de los lugares altos a los bajos y desde el presente hacia el pasado. Esto tiene sentido si considera que tendemos a asociar los lugares profundos, oscuros, con el miedo y la maldad, y que la infancia generalmente conlleva más terrores que la edad adulta.

Siguiendo esta práctica se mejora la calidad general de las vidas de vigilia. Pues la gente se siente menos ansiosa y más equilibrada en lo emocional, abierta de mente, y creativa. Se concluye que encarar las situaciones atemorizantes en los sueños contribuye a la confianza en sí mismo y a la habilidad de responder con flexibilidad a las situaciones desafiantes. A la vez que se consigue una mejor adaptación tanto contigo mismo como con respecto al mundo, debido al aprendizaje con el manejo de circunstancias difíciles en sueños. Y si la situación sigue siendo adversa, se propone el siguiente ejercicio:

Ejercicio: buscar oportunidades para la integración

1. Establezca su intención.

Resuelva ahora, mientras está despierto, que la próxima vez que esté lúcido buscará un problema a propósito: algo que le da miedo, le disgusta o le perturba. Asevere que encarará la dificultad con coraje y abiertamente hasta que pueda aceptarla o no volver a temerla. Resuma su intención en una frase concisa, tal como "Esta noche encararé abiertamente mi miedo en mis sueños". Repita la frase para sí mismo hasta que su intención esté establecida.

2. Induzca la lucidez.

Utilizando su técnica preferida induzca un sueño lúcido.

3. Busque problemas en el sueño.

Repita la frase que ideó para establecer su intención cuando se dé cuenta de que está soñando. Busque alrededor algo que suponga un problema para usted. ¿Hay algo o algún personaje que desearía evitar? Si no, busque un lugar que podría considerar como una dificultad. Por ejemplo, baje a un sótano, una cueva o un bosque oscuro, o encuentre algún lugar de su infancia que le asuste. Es probable que encuentre problemas en lugares atemorizantes o perturbadores.

4. Encare la dificultad

Aproxímese deliberadamente a la persona, cosa o situación problemáticas que haya elegido. Sea abierto y pregúntese por qué tal cosa le molesta. Si es un personaje, entable un diálogo con él. Trate de reconciliarse con el personaje o acepte la cosa temible o desagradable. Asevere para sí mismo que usted puede manejarlo. Puede ser de ayuda hablarse a sí mismo debido a que eso le ayuda a enfocar su voluntad. Por ejemplo, diga: "No pasa nada. Puedo tratar con esto. Mira, no puede hacerme daño. Me pregunto si puede serme de utilidad o si puedo ayudarle".

5. Recompénsese con placer

Cuando haya resuelto el problema o cuando desaparezca, recréese en cualquier placer que le guste en el sueño lúcido. El hacer esto le recompensará por haber encarado las dificultades con coraje, lo cual hará más probable que quiera hacerlo de nuevo. Si despierta antes de alcanzar este paso recompénsese estando despierto con algo que disfrute en especial.

Dejar pasar: concluir asuntos inacabados

Buscar y resolver dificultades en los sueños lúcidos puede ayudarle a lograr un mayor equilibrio emocional, y la habilidad de arreglárselas con los problemas de la vida. Puede ayudarle a resolver problemas de los que no era consciente pero que, de todos modos, limitaban su felicidad. Los sueños lúcidos pueden también usarse intencionalmente para tratar dificultades específicas de las que la gente es muy consciente. Las relaciones personales pueden ser la fuente de algunos de los problemas más difíciles con los que hay que vérselas. Tales problemas entran dentro de la categoría de desajuste interno dado que no puede resolverse cambiando la interacción de uno con el mundo. Como se ha demostrado en los ejemplos anteriores, los sueños lúcidos pueden ayudar a las personas a resolver un asunto emocional inacabado con los miembros de la familia y con los amigos íntimos.

Cuando acaba una relación importante, la gente a menudo encuentra que se han quedado con asuntos no resueltos que les causan ansiedad y que, posiblemente, incluso pueden hacer tirantes relaciones posteriores. En la vida de vigilia es imposible decir las cosas que nunca le dijo a un ser querido antes de fallecer. Y, en la vida de vigilia, es a menudo inviable el seguir la pista a un antiguo compañero para hablar de asuntos sin resolver.

En los sueños lúcidos, sin embargo, es posible alcanzar la resolución. Por supuesto, el compañero ausente no está allí en realidad, pero está presente la representación que usted tiene en su propia mente de la persona que falta. Es suficiente, dado que son sus propios conflictos internos los que necesita resolver. Los sueños no hacen volver a los muertos.

Pero, los encuentros con los muertos en los sueños lúcidos son lo bastante reales como para permitirnos sentir que estamos con ellos una vez más, y que siguen vivos en nuestros corazones. Como nos recuerda el epitafio de Jalaludin Rumi: "Cuando estemos muertos, no busquéis nuestras tumbas en la tierra, sino en los corazones de los hombres".

Tholey ha estudiado el empleo de los sueños lúcidos como una forma de alcanzar la resolución de tales relaciones no resueltas, y concluye que es posible alcanzar la resolución con las representacio-nes internas de personas importantes en nuestras vidas entablando diálogos conciliadores durante los sueños lúcidos.

Reflexividad y flexibilidad mental:

La lucidez aumenta mucho su flexibilidad mental, haciendo más fácil dominar cualquier desafío que presente su mundo de los sueños. Experimentar cómo se siente uno siendo flexible, sabiendo cómo es el confiar en su habilidad de hallar soluciones imaginativas para problemas imprevistos, puede convertirse en un recurso en su vida de vigilia. La flexibilidad puede ayudarle a elegir la mejor actuación para conseguir lo que quiere y vivir en armonía con el resto del mundo. De hecho, responder creativamente podría ser el único curso de acción disponible. Usted no siempre puede hacer que otras personas actúen de la manera que usted quiera. Pero siempre puede reencuadrar su situación, controlando su compor-tamiento de forma flexible, creando conscientemente múltiples perspectivas y optimizando su punto de vista.

La irreflexión, por contra, es un estado de consciencia redu-cida en el que la persona procesa la información procedente de su entorno de una forma automática. Confía en las categorías y distin-ciones habituales sin referencia alguna a posibles aspectos nuevos de la información, lo cual da como resultado un comportamiento rígido y gobernado por reglas. De acuerdo a los estudios llevados a cabo, al final gran parte del comportamiento que asumimos de forma reflexiva se ejecuta de forma bastante irreflexiva; ...con lo que al final la gente sólo puede procesar una mínima parte de la información que le llega a lo largo del día.

Nuestro funcionamiento mental en los sueños ordinarios exhibe con frecuencia una irreflexión destacable; así es como po-demos fracasar a la hora de darnos cuenta de las anormalidades más absurdas e interpretarlas correctamente. El funcionamiento mental durante los sueños lúcidos, por el contrario, se caracteriza por la reflexividad.

La gente tiene expectativas generalizadas sobre el grado hasta el que pueden influir en el mundo. Sitúan el control de sus experiencias bien en su interior (interiorizados), o bien en el mundo exterior (exteriorizados). Los interiorizados son personas que creen que su propio comportamiento tiene un impacto sustancial en los eventos. Son flexibles en su aproximación al mundo porque creen que pueden afectar al curso de sus vidas cambiando su propio comportamiento. Los exteriorizados no creen que su comportamiento tenga mucha influencia en el curso de los eventos; piensan que la mayor parte de lo que acontece en sus vidas es el resultado de la suerte, el azar, el destino u otras influencias y poderes externos más allá de su control personal.

Una investigación de Elen Langer sugiere "que la reflexividad, una maestría creativamente integradora de la experiencia vital, lleva a una mejor salud y longevidad, bien directamente, o bien mediante el aumento de la consciencia de las respuestas adaptativas". Si esto es así, dada la conexión entre la reflexividad y los sueños lúcidos, esta puede ser una de las muchas formas en que los sueños lúcidos pueden llevarnos a una mejora de la salud. De esta forma, los sueños lúcidos pueden ser incluso más efectivos en la promoción de la curación física.

Sanar la mente, sanar el cuerpo:

Si has tenido una desgracia o has caído en una situación catastrófica que te ha dañado físicamente, y sueñas muchas veces que eres capaz de revertir esa situación. Al final, físicamente tu cuerpo mejorará.

Los sueños lúcidos pueden ser útiles para la curación física igual que para la curación mental. A pesar de que ésta es una de las ideas más especulativas con respecto a las aplicaciones de los sueños lúcidos, las evidencias anecdóticas y teóricas apoyan esa posibilidad. El uso de los sueños para la sanación estaba muy extendido en el mundo antiguo. Los enfermos dormían en los templos de curación, buscando sueños que curasen o al menos diagnosticasen sus enfermedades, y sugiriesen un remedio. Por supuesto, no tenemos medio de evaluar la validez de afirmaciones de tal antigüedad.

La mayoría de la gente asume que una de las principales funciones del dormir y el soñar es el descanso y la recuperación. Este concepto popular ha sido ratificado por la investigación. De este modo, para los humanos, el ejercicio físico lleva a tener más sueño, especialmente sueño delta. La hormona del crecimiento, que provoca el crecimiento en los niños y la reparación de los tejidos cansados, se libera durante el sueño delta. Por otro lado, el ejercicio mental o el estrés emocional parece ser que resulta en un incremento del sueño REM y de los sueños.

La salud se define normalmente como un estado de funcionamiento óptimo libre de enfermedad o anormalidad. Este capítulo comienza con una definición de salud formulada en términos más amplios, como una condición de capacidad de respuesta adaptativa a los desafíos de la vida. "Adaptativo" significa, como mínimo, que las respuestas deben resolver las situaciones desafiantes en formas que no trastornen la integridad o la unidad del individuo.

Estar sano es algo más vigoroso que la mera ausencia de enfermedad. Por ejemplo, si no podemos arreglárnoslas con una situación novedosa, podría ser sano aprender comportamientos más adaptativos. Esta clase de crecimiento psicológico nos ayuda a volvernos cada vez más equipados para enfrentarnos a los desafíos de la vida.

Los seres humanos somos extremadamente complejos, sistemas vivientes con muchos niveles.

Cuando dormimos nos retiramos relativamente de los desafíos del entorno. En este estado somos capaces de dedicar las energías a recobrar la salud óptima, es decir, la habilidad de responder adaptativamente. Los procesos de sanación del cuerpo son holísticos, tienen lugar en todos los niveles del sistema biopsicosocial. Los procesos de sanación de los niveles psicológicos superiores probablemente se cumplan durante los sueños de la fase REM. Sin embargo, debido a las actitudes y los hábitos no adaptativos, los sueños no siempre cumplen con esta función de la manera apropiada, como hemos visto en el caso de las pesadillas.

Los sueños lúcidos, como forma de imaginería mental, están relacionados con las ensoñaciones diarias, las imágenes hipnagógicas, los estados provocados por drogas psicodélicas y las alucinaciones hipnóticas. Los Doctores Dennis Jaffe y David Bresler han escrito que "la imaginería mental moviliza los poderes interiores latentes de la persona, los cuales tienen un inmenso potencial para ayudar en el proceso de curación y en la promoción de la salud". La imaginería se usa en una gran variedad de aproximaciones terapéuticas, desde el psicoanálisis hasta la modificación del comportamiento y la ayuda a la curación física.

Con el propósito de ilustrar, examinemos una forma de potente imaginería bien estudiada: la hipnosis. La gente que tiene sueños hipnóticos durante el trance profundo relata experiencias que tienen mucho en común con los sueños lúcidos. Casi siempre están al menos parcialmente lúcidos en sus sueños, y en los estados más profundos, como los soñadores lúcidos, experimentan la imaginería como real.

Sujetos profundamente hipnotizados son capaces de ejercer un control destacable sobre muchas de sus funciones fisiológicas: inhibir reacciones alérgicas, dejar de sangrar e inducir anestesia a voluntad. Desafortunadamente, esas dramáticas respuestas están limitadas a una persona de cada diez o veinte capaces de entrar en hipnosis muy profunda. Al contrario que los sueños lúcidos, esta capacidad no parece ser susceptible de ser aprendida. De este modo, los soñadores lúcidos podrían tener el mismo potencial para la auto-regulación, como en el trance hipnótico profundo, pero siendo aplicable a una proporción de la población mucho más grande.

Consideremos otro ejemplo del uso terapéutico de la imaginería: el trabajo del Dr. Carl Simonton con sus pacientes de cáncer. Dicho médico descubrió que los pacientes con cáncer avanzado que practicaban imaginería curativa añadida a la aplicación estándar de radiación y quimioterapia sobrevivían, como media, dos veces más de lo esperado según la media nacional. Desafortunadamente, no sabemos aún hasta qué punto son repetibles estos resultados y cómo funciona esto exactamente. Aun así, sugieren algunas posibilidades excitantes.

Las recientes evidencias apoyan la idea de que la realidad experimental, o la viveza de la imaginería mental, determina la fuerza con que afecta a la fisiología. Los sueños, que cada uno experimenta todas las noches, son también la forma de imaginería mental más llamativa que la gente puede experimentar en circunstancias normales. Los sueños son tan reales que tenemos dificultades para distinguirlos del estado de vigilia. Por tanto, es también probable que sean una fuente de imaginería curativa altamente efectiva. Además de revelarse una fuerte relación entre la imaginería onírica y las respuestas fisiológicas. Este hecho indica que en los sueños lúcidos podríamos tener una oportunidad sin igual para desarrollar un alto grado de auto-control sobre nuestro cuerpo que podría ser útil en la auto-curación.

LA VIDA ES SUEÑO:
PERCIBIR UN MUNDO MÁS AMPLIO

Todo lo anterior nos puede trasladar en sueños a un "más allá", y a enlazar que, las "presencias" o "figuras" que nos guían por el camino, serían nuestros "guías espirituales" que harían posible llevarnos por el buen camino en el estado de vigilia, pero a la vez, cuando dormimos, bien podrían ayudarnos a curarnos de algún malestar físico, y luego a la mañana siguiente sentir que hemos mejorado de nuestra dolencia. Todo esto nos hace preguntarnos sobre…

¿Cuál es el sentido apropiado para percibir el oculto significado de la vida? Brent insinúa que es una forma de intuición y que su cultivo requiere la dirección de un instructor que ya tiene esa capacidad. Este hecho puede limitar lo lejos que el sueño lúcido puede llevarle sin una guía.

De cualquier forma, los sueños lúcidos pueden darle un atisbo del infinito, o de un mundo mucho más amplio, más allá de los límites de la realidad ordinaria. Cualesquiera que sean sus puntos de vista sobre la espiritualidad y la naturaleza del ser, usted puede usar sus sueños lúcidos para sondear las profundidades de su identidad y explorar las fronteras de su mundo interior.

Un vehículo para explorar la realidad:

Durante más de mil años los budistas tibetanos han usado el sueño lúcido como medio de experimentar la naturaleza ilusoria de la realidad personal y como parte de un conjunto de prácticas que, según dicen, llevan a la iluminación y el descubrimiento de la naturaleza última del ser.

También los sufíes utilizan los sueños lúcidos, o algo parecido, para propósitos espirituales. El famoso sufí español del siglo XII Muhiyuddin Ibn El-Arabi parece ser que recomendaba que "una persona debe controlar sus pensamientos en el sueño. Este entrenamiento del estado de alerta... producirá al individuo grandes beneficios. Todos deberíamos aplicarnos al logro de esta habilidad de tan gran valor".

Tarthang Tulku explica los beneficios de los sueños lúcidos del siguiente modo: "Las experiencias que obtenemos a partir de las prácticas que realizamos durante nuestro sueño pueden ser traídas a la experiencia de nuestra vigilia. Por ejemplo, las imágenes aterradoras que vemos en nuestros sueños podemos aprender a cambiarlas por formas pacíficas, y usando el mismo proceso podemos transmutar en consciencia incrementada las emociones negativas que sentimos durante el día. De este modo podemos usar nuestras experiencias oníricas para desarrollar una vida más flexible". "Con práctica continuada", continúa Tulku, "vemos cada vez menos diferencia entre la vigilia y el estado de sueño. Nuestras experiencias en vigilia se vuelven más reales y variadas, el resultado de una consciencia más ligera y refinada...Esta clase de consciencia, basada en la práctica con los sueños, puede ayudar a crear un equilibrio interior. La consciencia nutre a la mente en una forma que alimenta a todo el organismo viviente. La consciencia ilumina facetas de la mente antes no vistas, e ilumina el camino para que exploremos nuevas dimensiones de la realidad".

De acuerdo con "La Doctrina del Estado de Sueño", un antiguo manual tibetano de yoga del sueño lúcido, la práctica de determinadas técnicas de control de los sueños lleva a la capacidad de soñar con cualquier cosa imaginable. Tulku hace una afirmación similar: "Los yoguis avanzados son capaces de hacer cualquier cosa en sus sueños. Pueden convertirse en dragones o en pájaros míticos, hacerse más grandes o pequeños, o desaparecer, volver a la infancia y vivir experiencias de nuevo, o incluso volar por el espacio".

Las posibilidades para el cumplimiento de deseos de este grado de control de los sueños pueden parecer irresistibles, pero los yoguis tibetanos del sueño colocan sus miras muy por encima de la persecución de cualquier placer trivial. Para ellos el sueño lúcido representa "un vehículo para explorar la realidad", una oportunidad para experimentar, y darse cuenta de la naturaleza subjetiva del estado de sueño y, por extensión, de las experiencias de vigilia también. Ellos consideran que tal comprensión lleva consigo el más profundo de los significados posibles.

Percatarse de que nuestra experiencia de la realidad es subjetiva, más que directa y real, y puede tener implicaciones prácticas. De acuerdo con Tulku, cuando pensamos en todas nuestras experiencias como subjetivas y, por tanto, como un sueño, "los conceptos y las autoidentidades que nos han encajonado comienzan a caer. Al volverse menos rígida nuestra autoidentidad, nuestros problemas se vuelven más ligeros. Al mismo tiempo se desarrolla una consciencia en un nivel mucho más profundo". Como resultado, "incluso las cosas más difíciles se vuelven agradables y fáciles. Cuando uno se da cuenta de que todo es como un sueño, alcanza la consciencia pura. Y la vía para lograr esta consciencia es comprender que toda experiencia es como un sueño".

Aquellos que siguen con éxito el sendero del yoga del sueño hasta el final aprenden que:

1.   Los sueños pueden cambiarse a voluntad.

La materia, o la forma en sus aspectos tridimensionales, grande o pequeña, y sus aspectos numéricos, de pluralidad y unidad, está sujeta por completo a la voluntad de uno cuando los poderes mentales se han desarrollado de forma eficiente mediante el yoga. Como resultado de la experimentación eficiente, el yogui del sueño aprende que cualquier sueño puede ser transformado con solo desearlo. La mayoría de los soñadores lúcidos ya sabrán esto por experiencia.

2.   Los sueños son inestables

Un paso más allá y aprende que esa forma, en el estado de sueño, y todos los múltiples contenidos de los sueños, son meramente juguetes de la mente y, por tanto, son inestables como espejismos. Los soñadores lúcidos experimentados habrán observado esto también por sí mismos. Los sueños lúcidos son tan realistas (pero no tan estables) como las percepciones en vigilia.

3.   La percepción en vigilia es tan irreal como lo son los sueños.

Un paso más allá le lleva a la comprensión de que la naturaleza esencial de la forma y de todas las cosas percibidas por los sentidos en el estado de vigilia son igualmente irreales como sus reflejos en el estado de sueño, siendo ambos estados ilusorios. En esta fase la comprensión del yogui es una cuestión de teoría más que de experiencia. Estos modelos, tanto si son del mundo onírico como del mundo físico, son solo modelos. Como tales, son ilusiones, no la cosa que representan, igual que el mapa no es el territorio y el menú no es la comida.

4. La gran revelación: todo es sueño.

El paso final lleva a la Gran Revelación, que nada dentro de la ilusión es o puede ser otra cosa que irreal como los sueños. Si comparamos la mente con un televisor, la Gran Revelación es la comprensión de que nada de lo que aparece en la pantalla puede ser otra cosa que una imagen o una ilusión. El tener simplemente la idea, por ejemplo, "de que la mente no puede contener otra cosa que pensamientos", no es la Gran Revelación, la cual es una cuestión de experiencia, no de teoría.

5. Unión.

Con el surgimiento de esta Sabiduría Divina, el aspecto microcósmico del Macrocosmos se vuelve totalmente despierto. Por ello, en palabras del filósofo Ludwig Wittgenstein: "De lo cual uno no puede hablar, con respecto a lo cual uno debe guardar silencio", o como diría mi hermana Ana, "de lo que no se puede hablar, mejor es callarse".

Para ser claros, ésta no es la clase de conocimiento que es susceptible de verificación pública y examen científico. Sin embargo, calificarlo así no tiene, de ningún modo, la intención de negar el posible valor de las experiencias místicas, dado que no hay razón para creer que los límites de la ciencia son los límites del conocimiento. Tampoco pretendemos insinuarle que debe seguir los caminos de los yoguis tibetanos en busca de su propia comprensión de la "Sabiduría Divina". Los métodos y la simbología de las escuelas místicas tibetanas fueron diseñados dentro del contexto cultural de la cultura tibetana. Si usted se toma en serio la persecución de su máximo potencial, le recomendamos que encuentre un guía o instructor que pueda hablarle en un lenguaje que pueda comprender.

Autoconocimiento:

Quiénes seamos en realidad no es necesariamente igual a quiénes creemos ser. En nuestros sueños no somos quienes pensamos que somos (ni, de hecho, en vigilia). Usted puede observar fácilmente este hecho por usted mismo en su próximo sueño lúcido. Pregúntese acerca de la naturaleza de cada cosa que encuentre en su sueño lúcido. Por ejemplo, puede que esté sentado en una mesa onírica, con sus pies en el sueño onírico. Y si eso es un zapato onírico en un pie onírico, y parte de un cuerpo onírico…, ¡así que esto debe de ser un yo onírico! Todo cuanto necesita hacer es reflexionar en su situación en un sueño lúcido y verá que la persona que parece ser en el sueño no puede ser quien es en realidad: es sólo una imagen, un modelo mental de su yo o, usando el término freudiano, su "ego".

Ver que el ego no puede ser quien es usted en realidad hace más fácil dejar de identificarse con él. Una vez que usted deje de identificarse con su ego, es libre de cambiarlo. Simplemente hay que reconocer que el ego es un modelo simplificado del yo le da un modelo más exacto del yo, y hace que le sea más difícil confundir el mapa con el territorio.

Si puede ver su ego con objetividad en su papel apropiado como la representación y el sirviente del yo, no necesitará luchar con su ego. No puede librarse de él en cualquier caso, ni sería deseable de cara al mundo. El ego, bien informado, dice con sinceridad: "Yo soy quien sé que soy". El yo dice meramente: "Yo soy". Así, si yo sé que no soy mi ego, estoy lo suficientemente desapegado como para ser objetivo sobre mí mismo.

Cuanto menos nos identificamos con quiénes pensamos que somos, será más probable que descubramos quiénes somos en realidad. Con respecto a esto, el maestro sufí Tariqavi escribió: "Cuando te has encontrado a ti mismo puedes tener conocimiento.

Hasta entonces sólo puedes tener opiniones. Las opiniones se basan en los hábitos y lo que concibes como conveniente".

El estudio del "camino" requiere del encuentro consigo mismo a lo largo del camino. Por lo que tú aún no te has encontrado contigo mismo.

Rendirse:

Para ir más allá del modelo del mundo que tiene el ego, el soñador lúcido debe ceder el control del sueño ("rendirse") a algo más allá del ego. El concepto de rendición se ilustra en los sueños anteriores. Cada uno de nosotros probablemente tendrá un concepto diferente de este "algo más allá", cuya forma depende de nuestra educación, filosofía o exposición a ideas místicas.

Un tema común, expresado en términos religiosos, es "Rendirse a la Voluntad de Dios". Sin embargo, si no le gusta o no comprende la terminología religiosa, podría querer expresar su deseo de un modo diferente. En el contexto de lo que hemos estado tratando aquí, la frase podría con facilidad ser: "Cedo el control a mi yo verdadero". Lo que quiera que suponga acerca de la naturaleza de su yo verdadero, ceder el control desde quien usted cree ser hasta quien usted es en realidad será una mejora. Porque esto incluye todo lo que usted sabe, consciente o inconscientemente, el yo verdadero es capaz de tomar decisiones más sabias que su ego.

A pesar de haber cedido el control del ego en la dirección de su sueño, usted debe mantener su lucidez. Si no lo hace, es probable que los instintos y expectativas de su ego retomen el control. Además, la lucidez puede ayudarle a responder de forma creativa e intuitiva al fluir del sueño, y a recordar que no hay necesidad de resistirse a nuevas experiencias por miedo a lo desconocido.

"Lo Superior" es una formulación particularmente satisfactoria de la meta trascendente. No se necesita hacer suposiciones sobre "lo

Superior" salvo que sea lo que sea está, hablando jerárquicamente, por encima de todo lo demás y es más valioso que todo lo demás.

Como ha enfatizado George Gillespie en repetidas ocasiones, el hecho de que alguien tenga un sueño en el que experimente alguna realidad trascendental, sea Dios, el Vacío, o el Nirvana, no nos permite concluir que el soñador experimentó en efecto la realidad trascendental. Suponer lo contrario sería como esperar que si soñaste con haber ganado la lotería, despertarás siendo rico de la noche a la mañana. Por tanto, probablemente sea sensato mantener una sana reserva de juicio en sus exploraciones: recuerde que son sueños y, como tales, pueden representar fácilmente tanto el engaño como la verdad. Ni crea en ellos ni deje de creer, pero tenga en mente sus lecciones en el sentido de que hay más cosas en la vida de lo que usted sabe en la actualidad.

Fariba Bogzaran dirigió un estudio sobre lo que pasaría si la gente buscase lo Divino deliberadamente en sueños lúcidos. Su investigación se enfocó en el efecto que tendrían en su experiencia onírica de Dios el concepto previo sobre la divinidad y su enfoque con respecto a su búsqueda. Algunos conciben a Dios como una divinidad personal (un anciano sabio, Cristo o una Madre). Otros ven lo Divino como una fuerza en el universo, o algún otro poder intangible, impersonal. Significativamente, de las personas que en su estudio tuvieron éxito en encontrar una imagen de "lo Superior", más del ochenta por ciento de quienes creían en una divinidad personal encontraron a Dios en sus sueños representado como una persona. También, más del ochenta por ciento de los que creían en una divinidad impersonal experimentaron lo divino como algo que no era una persona.

La forma en que la gente enfoca la búsqueda de lo Divino también afecta a su experiencia. Bogzaran dividió sus sujetos en dos grupos: los que buscaban a Dios activamente en sus sueños lúcidos, y los que se abrían a cualquier experiencia de lo Divino que les pudiese llegar. La diferencia en el enfoque fue evidente en la forma en que los buscadores oníricos expresaban verbalmente sus intenciones. Los buscadores activos tendían a decir que planeaban "buscar lo Superior" en sus sueños lúcidos. Aquellos que se abrían, rindiéndose a la Voluntad Divina, comoquiera que ésta fuese, expresaban sus intenciones más como deseando "experimentar lo Divino", o abrirse a lo Divino. El grupo pasivo, rendido, parecía tener menos expectativas sobre la apariencia de Dios, y experimentaron más resultados inesperados que el grupo activo, buscador. Los "rendidos" solían encontrar alguna representación de la divinidad sin buscarla; los "buscadores" también solían encontrar un Dios, a menudo el que esperaban encontrar.

Este estudio muestra cómo nuestros pre-conceptos ejercen un poderoso efecto en las experiencias de Dios que tenemos en los sueños lúcidos, al menos cuando buscamos deliberadamente tales experiencias. ¿Significa esto que no vemos a Dios en realidad cuando encontramos la divinidad en nuestros sueños? No creo que podamos decirlo. La divinidad puede tener una forma diferente para cada individuo, y nuestros pre-conceptos pueden ser simplemente la imagen que proyectamos sobre "lo Superior" cuando lo vemos. Sin embargo, los resultados de Bogzaran sugieren que podemos tener una experiencia de lo Divino más profunda si cedemos el control, si no tratamos de forzar la experiencia buscando a Dios en el sueño. También, cuando busque lo Divino, debería usted tener cuidado a la hora de formular verbalmente su intención, porque afecta directamente a cómo se comportará en sus sueños lúcidos al buscar una experiencia sobre Dios.

Ejercicio: buscar lo Superior

1. Escoja una afirmación o pregunta que capte su más elevada aspiración.

Piense en lo que es, en última instancia, más importante para usted. Formule una frase en la forma de una afirmación o pregunta que mejor capte sus más elevadas aspiraciones espirituales. Asegúrese de que es una pregunta para la que quiera, obtener una respuesta, o una afirmación que pueda hacer sin reservas.

Escoja sólo una frase cada vez. Escriba y memorice su afirmación o pregunta.

2. Recuérdeselo a sí mismo antes de irse a dormir.

A la hora de acostarse, recuérdese a sí mismo su afirmación o pregunta y su intención de preguntar o afirmar la frase en su próximo sueño lúcido.

3. Haga su afirmación o su pregunta en su sueño lúcido.

Una vez se encuentre en un sueño lúcido, pronuncie repetidamente su afirmación o haga su pregunta mientras continúe con el flujo del sueño. Recuerde lo que significa para usted la frase. Ábrase a la guía de una fuente superior. Luche para ser sensible con respecto a dónde quiere llevarle el sueño, y vaya con ello. Distánciese tanto como pueda de sus pre-conceptos sobre lo que debería suceder y será capaz de aceptar lo que le sea dado.

La humanidad está dormida:

En el siglo XII el gran sufí afgano Hakim Sanai escribió que "la humanidad está dormida, preocupada sólo con lo que es inútil, viviendo en un mundo equivocado". Cerca de mil años después, la situación ha cambiado poco: la humanidad sigue dormida. Algunos pueden encontrar esto difícil de creer. Usted puede suponer que si fuese verdad, ¡debería saberlo! Sin embargo, si de verdad fuese cierto que mientras nos encontramos en el estado que ordinariamente llamamos "despiertos", estamos prácticamente caminando sonámbulos por la vida, sería difícil para nosotros observar directamente este hecho. La única cosa que el sonámbulo no ve es que está dormido.

De forma similar, según andamos por el camino de la vida, casi siempre suponemos que estamos despiertos. No pensamos que estemos dormidos, pero tampoco lo hacen los sonámbulos ni los soñadores no lúcidos.

De ordinario es muy difícil concebir cómo podría uno no estar totalmente despierto, a no ser que haya tenido experiencias como los sueños lúcidos. Pero si las ha tenido, entonces puede comprender pensando mediante esta analogía: lo mismo que el sueño ordinario es con respecto al sueño lúcido, el estado ordinario de "sonambulismo" es con respecto a lo que podríamos llamar "el estar despierto" o estado de "haber despertado en vigilia".

No estoy diciendo que el sueño lúcido sea lo mismo que la iluminación, sino que una comparación de los dos niveles de consciencia en los sueños puede mostrarnos cómo podría ser un nivel de comprensión de nuestras vidas de vigilia mucho más allá de nuestro nivel actual.

Considere lo confundidos que nos volvemos la mayoría cuando tratamos de comprender el origen y el propósito de nuestras vidas, y compare este estado mental de confusión con el del soñador no lúcido que trata de racionalizar los extravagantes eventos del sueño en los términos equivocados. Nuestros mundos oníricos tienen mucho más sentido y ofrecen muchas más posibilidades cuando nos damos cuenta de que estamos soñando. De ese modo, una revelación similar en nuestras vidas de vigilia nos llevaría a una comprensión incrementada del contexto de nuestras vidas, y un mayor acceso a nuestros potenciales y a nuestra creatividad.

No podemos tampoco considerar el sueño lúcido como un sendero completo hacia la iluminación. Tal vez en las manos de los budistas tibetanos, con la guía adecuada, y combinado con otras técnicas necesarias, los buscadores puedan usar los sueños lúcidos para que los lleven a sus metas espirituales. Sin embargo, lo veo primariamente como una señal que apunta a la posibilidad de una mayor consciencia, un recordatorio de que hay más en la vida de lo que la gente normalmente está consciente, y una inspiración para buscar un guía que conozca el camino.

Fortalecer la voluntad:

Podemos preguntarnos entonces, ¿La firme convicción de que una cosa sea de cierto modo, hace que lo sea? Se cree que sí, y en edades tempranas, con mucha imaginación, esta firme convicción podía mover montañas; pero muchos no son capaces de una firme convicción acerca de nada. Por lo que muchos procedimientos para la inducción de sueños lúcidos requieren el uso específico de la intención, la modalidad activa de esa esquiva característica conocida como "voluntad". Como otros aspectos de la personalidad, la voluntad parece estar distribuida de forma desigual entre la población. Algunas personas parecen lograr cosas mediante la mera "fuerza de voluntad", mientras que muchos parecen "no tener fuerza de voluntad". Afortunadamente parece que la voluntad puede ser fortalecida mediante la aplicación de ejercicios apropiados.

Ejercicio: comprender el valor de la voluntad

1. Piense en los problemas que causa la falta de voluntad.

Siéntese con un bloc de papel. Cierre los ojos y piense en las posibles consecuencias negativas que su actual falta de voluntad podría causar. Si fuma o come demasiado, si no es capaz de reclamar algo que merece o protegerse del daño, si parece que no es capaz de hacer lo que es mejor para usted, y después viva por un momento las consecuencias desagradables, y asegúrese de que pone por escrito cada una según piense en ellas y las contempla. Piense en las oportunidades perdidas o en el dolor y la irritación infligidos a usted y a otros. Si estas imágenes le traen emociones negativas, no deje de experimentarlas. No tiene por qué escribir un ensayo, ni siquiera una frase. Simplemente haga una lista. Después de completar su lista, léala. Al leer "resuélvase" a cambiar o evitar las consecuencias negativas. Saque algo de fuerza de la repugnancia que le causan esas imágenes, y use esa fuerza para reforzar su resolución.

2. Piense en los beneficios de una voluntad fuerte.

Ahora pinte un cuadro visionado de forma muy real en el ojo de su mente. Esta vez representando todas las consecuencias positivas de construir una voluntad más fuerte. Igual que en la primera parte del ejercicio, primero examine y contemple cada potencial resultado positivo provocado por una voluntad más fuerte, y póngalos por escrito. De nuevo, si siente fuertes emociones positivas al contemplar los beneficios que podrían ser suyos: la satisfacción, el reconocimiento, el placer, o el logro, permítase recrearse en esas emociones. Entonces enfóquese en trasformar sus sentimientos en un poderoso deseo de desarrollar la voluntad necesaria.

3. Cree una imagen de sí mismo con una voluntad fuerte.

Ahora véase a sí mismo como si ya poseyera una voluntad fuerte, pensando y actuando del modo en que pensaría y actuaría si su voluntad estuviese plenamente desarrollada. Fantasee con el mejor de los mundos posibles que estarían a su alcance con una voluntad altamente desarrollada. Véase como podría ser. Deje que este "Modelo Ideal" de usted mismo, fortalezca su intención para desarrollar su voluntad.

Al igual que otros órganos y funciones de nuestros cuerpos y mentes, la voluntad se puede fortalecer mediante el ejercicio. Para fortalecer específicamente un grupo muscular en particular, empleamos ejercicios pensados para ese grupo en concreto. Del mismo modo, en el fortalecimiento de la voluntad es útil entrenar la voluntad aislada de otras funciones psicológicas. Puede hacerse llevando a cabo ejercicios "inútiles", según palabras del mismo William James, el fundador de la psicología americana, quien escribió que uno debería "mantener viva en sí mismo la facultad de hacer esfuerzos por medio de pequeños ejercicios inútiles cada día". Un ejemplo de esta clase de ejercicio es uno propuesto por Boyd Barrett en su libro "La Fuerza de Voluntad y cómo desarrollarla". Cada día, durante siete días, el practicante debe mantenerse de pie sobre una silla durante diez minutos, mientras trata de mantenerse contento. Un hombre que practicó este ejercicio relató después de la sesión del tercer día: "He tenido una sensación de fuerza al llevar a cabo este ejercicio impuesto a mí por mí mismo. La alegría y la energía se experimentan a voluntad. Este ejercicio 'me eleva el tono' moralmente, y despierta en mí una sensación de nobleza..."

Usted puede convertir muchas actividades cotidianas en ejercicios de voluntad. Por ejemplo, puede hacer el ejercicio de mantenerse sereno en situaciones difíciles en el trabajo, o mantener la paciencia cuando esté atascado en medio del tráfico. Por ejemplo…

Ejercicio: fortalezca su voluntad

Aquí tiene una lista de ejercicios "inútiles":

» Mover cincuenta clips de una caja a otra, uno cada vez, deliberada y lentamente.

» Levantarse de una silla y volver a sentarse treinta veces.

» Mantenerse de pie subido a una silla durante cinco minutos.

» Repita en voz baja: "Haré esto", mientras marca el compás del tiempo durante cinco minutos.

» Camine hacia atrás y hacia delante en una habitación, tocando por turnos un cierto objeto en cada lado de la habitación (por ejemplo un jarrón en un lado y una ventana en el otro) durante cinco minutos.

» Levántese de la cama por la mañana quince minutos antes de lo necesario.

»   Resista por completo el impulso de quejarse durante todo un día.

»   Escriba cien veces: "Escribiré este ejercicio inútil".

»   Diga "hola" a cinco personas con las que nunca había hablado.

»   Encuentre un poema de unas veinte líneas o doscientas palabras y memorícelo.

1.   Comience con una tarea de la lista de arriba

En el primer día seleccione una de las tareas de arriba y haga sólo una. Concéntrese en la tarea y en sus sentimientos al ejecutarla. Trate de mantener un estado mental calmado, libre de impaciencia o especulaciones acerca del resultado del ejercicio. Cuando lo haya hecho, tome notas sobre los pensamientos y sensaciones que experimentó. Si consiguió completar la tarea, continúe con el paso 2 al día siguiente. Si no consiguió terminar o hacer la tarea, inténtelo otra vez con la misma tarea al día siguiente.

2.   Añada otra tarea.

Después de completar el paso 1 seleccione otra tarea y lleve a cabo en el mismo día ambas, la nueva y la que hizo en el paso 1. De nuevo, mantenga un estado mental plácido durante las tareas y tome notas al terminar. Haga estas dos tareas durante dos días (o hasta que las complete con éxito en dos días).

3.   Añada una tercera tarea.

En el cuarto día añada una tercera tarea. Haga las tres durante otros dos días. Siga tomando notas durante el resto del ejercicio.

4.   Abandone una tarea vieja y añada una nueva.

Después de completar tres tareas en dos días, abandone una de las tareas viejas y añada una nueva, de forma que siga teniendo tres. De nuevo, lleve a cabo las tres tareas en dos días. Siga abandonando una tarea y añadiendo una nueva después de dos días con un total de tres hasta que haya tenido éxito con todas las tareas.

5. Experimente por su cuenta

Siga con el ejercicio bajo su propia dirección. Puede inventar sus propias tareas y añadir tantas como guste a su régimen diario. No se ponga demasiadas, sin embargo, o podría desanimarse. Recuerde tratar de sentirse contento al ejecutar las tareas. No se sienta impaciente o ansioso por la recompensa.

Ejercicios de concentración y visualización:

Muchos de los procedimientos para la inducción de la lucidez conllevan la visualización. Por ejemplo, el ejercicio del loto y la llama oníricos requiere que sea capaz de visualizar una llama situada en el centro de una flor de loto y que se concentre en ellos hasta que entre en el sueño. Si no cree que tenga la habilidad de visualizar con suficiente viveza, no desespere. Su habilidad mejorará con la práctica. Los siguientes ejercicios están diseñados para fortalecer su capacidad de visualizar imágenes mentales adaptando su percepción visual de objetos externos a la habilidad interna de ver imágenes.

Ejercicio: concentración en una vela

1. Vea una vela.

Coloque una vela encendida delante de usted. Siéntese a un metro y medio o dos metros de la vela de modo que pueda ver la llama con facilidad. Mire ésta fijamente. Hágalo por tanto tiempo como pueda, pero no tanto como para que sus ojos se cansen.

2. Descanse cuando lo necesite.

Cuando comience a sentir forzados los ojos, ciérrelos y manténgase sentado por un rato, imaginando la llama delante de usted.

Practique esto con regularidad y pronto incrementará su poder en concentrarse durante períodos de duración indefinida.

Ejercicio: entrenamiento en visualización

Practique la parte A una o dos veces al día durante dos o tres días. Cada sesión no necesita ser más larga de cinco minutos. Después pase a la parte B.

Parte A

1. Siéntese delante de un objeto sencillo.

Elija un objeto al que mirar, como por ejemplo una manzana, una piedra, una vela o una taza de café. Elija algo pequeño, sencillo y estático. Póngalo a un metro de distancia de donde usted se encuentra sentado cómodamente.

2. Concéntrese en mirar el objeto.

Con los ojos abiertos, trate de abarcar todo el objeto con su visión. Trate de empaparse de una impresión visual de conjunto más que en concentrarse en alguna característica específica del objeto. Reconozca los pensamientos y las percepciones distractoras, y después deje que se vayan flotando.

3. Cierre los ojos y observe la imagen que ha quedado en su retina

Después de unos cuantos minutos, cierre los ojos y mire la imagen que el objeto ha dejado en su retina hasta que se desvanezca. Luego abra los ojos y de nuevo mire intensamente el mismo objeto. Repítalo varias veces; la imagen residual debería volverse más clara, más vívida y cristalina. No se tense para crear la imagen. Deje que la claridad emerja como por voluntad propia.

Parte B

1. Prepárese concentrándose en un objeto delante de usted.

Prepárese mediante la repetición de la parte A varias veces.

2. Visualice el objeto como flotando en el espacio delante de usted.

Con los ojos abiertos, mueva su mirada a otro lado y trate de representarlo directamente delante de usted a metro y medio, o dos metros de distancia, flotando al nivel de los ojos. Puede parecer extraño al principio, pero no se tense. Simplemente intente que los rasgos generales de la imagen emerjan en el espacio. Podría concentrarse en la forma en que siente el objeto más que en su estructura detallada. Tan solo acepte que el objeto ocupa el espacio que usted está mirando, y preste atención al sentimiento de que la imagen ocupa el espacio porque usted tiene la intención de que lo haga. La sensación de ver una imagen emergerá de esa consciencia y ese sentimiento.

3. Visualice el objeto dentro de usted.

Cuando pueda visualizar el objeto delante de usted, entonces repita el paso 2, solo que esta vez lo visualizará dentro de su cuerpo. Dado que algunas de las técnicas para la inducción de sueños lúcidos requieren de visualizar objetos en el área de la garganta, trate de ver el objeto en su garganta. Después muévalo hacia fuera de nuevo. Cambie su visualización de la posición interna a la externa una y otra vez, hasta que pueda hacerlo sin esfuerzo.

AGRADECIMIENTOS

A mi hija Ángela por su portada tan bonita. A Pilar, mi mujer, y a mi hijo Iván, por su apoyo incondicional. A mis hermanos Ana y Jaime por la labor divulgativa de la obra y poder contar con ellos siempre.

Y como no, a mi editor Antonio Herrera Casado, por su confianza en mí.